四特 教育系列丛书 SITE JIAOYUXILIECONGSHU

U0570883

学生人道素质教育

《"四特"教育系列丛书》编委会 编著

吉林出版集团股份有限公司
全国百佳图书出版单位

图书在版编目 (CIP) 数据

学生人道素质教育 /《"四特"教育系列丛书》编委会编著. —长春：吉林出版集团股份有限公司，2012.4

("四特"教育系列丛书 / 庄文中等主编. 学生素质教育与培养)

ISBN 978-7-5463-8741-3

I . ①学… II . ①四… III . ①中小学生－人道主义－素质教育 IV . ① G631.4

中国版本图书馆 CIP 数据核字（2012）第 044686 号

学生人道素质教育
XUESHENG RENDAO SUZHI JIAOYU

出 版 人	吴 强	
责任编辑	朱子玉 杨 帆	
开 本	690mm×960mm 1/16	
字 数	250 千字	
印 张	13	
版 次	2012 年 4 月第 1 版	
印 次	2023 年 2 月第 3 次印刷	

出 版	吉林出版集团股份有限公司	
发 行	吉林音像出版社有限责任公司	
地 址	长春市南关区福祉大路 5788 号	
电 话	0431-81629667	
印 刷	三河市燕春印务有限公司	

ISBN 978-7-5463-8741-3   定价：39.80 元

版权所有　侵权必究

前　言

学校教育是个人一生中所受教育最重要的组成部分,个人在学校里接受计划性的指导,系统地学习文化知识、社会规范、道德准则和价值观念。学校教育从某种意义上讲,决定着个人社会化的水平和性质,是个体社会化的重要基地。知识经济时代要求社会尊师重教,学校教育越来越受重视,在社会中起到举足轻重的作用。

"四特教育系列丛书"以"特定对象、特别对待、特殊方法、特例分析"为宗旨,立足学校教育与管理,理论结合实践,集多位教育界专家、学者以及一线校长、老师们的教育成果与经验于一体,围绕困扰学校、领导、教师、学生的教育难题,集思广益,多方借鉴,力求全面彻底解决。

本辑为"四特教育系列丛书"之《学生素质教育与培养》。

实施素质教育是我国现代化建设事业的需要。它体现了基础教育的性质、宗旨与任务。提倡素质教育,有利于遏制当前基础教育中存在着的"应试教育"和片面追求升学率的倾向,有助于把全面发展教育落到实处。从教育面向现代化、面向世界和面向未来的要求看,素质教育势在必行。这是我们基础教育时代的主题和任务。

学校教育的核心工作是培养全面发展的社会主义建设者和接班人,而学生则是未来的主要建设者和接班人,直接关系到整个社会的前途和命运。中小学生正处于青少年时期,其心理生理发展具有不成熟、可塑性强的特点,他们在面对错综复杂的社会时能否全面认识理性分析问题不仅是部分人的问题而是一个社会问题。当代青少年面临更多的机遇和史无前例的挑战,只有树立科学的价值观,才能全面正确地认识自己、他人和社会,才能在认识和改造世界的过程中取得成功。

本辑共20分册,具体内容如下:

1.《学生身体素质教育》

根据中小学生参与体育状况调查发现,学生身体素质呈现持续下降的趋势。针对学生身体素质下降的状况,必须要让体育课落到实处,且要加强开展学校课外体育活动的力度,充分调动广大学生参与课外体育活动,从而提高学生的身体素质,使学生的身心得到健康发展。同时,探寻学校学生身体素质下降的根源,从而提高他们的身体素质。

2.《学生心理素质教育》

本书的各位作者拥有多年从事心理健康教育和研究的经验,为此,我们运用心理学的基本原理,从同学们的需要出发,编写了本书,它主要包含上面提到的自我、人际、学习、生涯等几个方面的内容。希望同学们能通过本书的学习,掌握完成这些任务的战略与技巧,为你们的长远和可持续发展提供力所能及的帮助。

3.《学生观念素质教育》

不同的人对同一事物产生不同的看法,本来是很正常的事情,但如果不同学生的观念差异太大,甚至"针锋相对",就不能不让人琢磨一下。本书就学生的观念素质教育问题进行了系统而深入的分析和探讨,并提出了解决这一问题的新思路、可供实际操作的新方案,内容翔实,个案丰富,对中小学生、教师及家长均有启发意义。本书体例科学,内容生动活泼,语言简洁明快,针对性强,具有很强的系统性、实用性、实践性和指导性。

4.《学生道德素质教育》

道德素质是人的重要内涵,它决定着人的尊严、价值和成就。良好道德素质的培养,关键在青少年时期。为培养学生形成良好的行为习惯,提高道德素质,只有建立学校、家庭、社会三结合的"立体化"教育网络,才能最有效地促进学生道德行为的养成,全面提高青少年的素质,促进青少年的健康成长。

5.《学生形象素质教育》

我们自尊我们自信,我们尊敬师长,我们自强我们自爱,我们文明健康。青春就是一次又一次的尝试。身处在这个未知的世界,点滴的前进,都是全新的体验,它点亮中学生心中的那片雪海星辰。新时代的中学生用稚嫩的双手创造一个又一个生命的篇章。让我们用学识素养打造强而有力的翅膀,让我们用青春和梦想做誓言,让我们用崭新的形象面向世界。

6.《学生智力素质教育》

教学中学生正是通过语言符号和非语言符号,学习知识、技能,在吸取人类智力成果过程中,使自己的智力得到锻炼和发展。指导学生智力发展应贯串于教学过程的始终。备课、钻研教材、上课、答疑、辅导、组织考试、批改试卷和作业都应当分析学生思维的过程,考虑发展思维的教学措施。

7.《学生美育素质教育》

美育是培养学生全面发展的教育方针的重要组成部分。美育又称审美教育或美感教育,是培养学生正确的审美观点以及感受美、鉴赏美和创造美的能力的教育。美育是实施其他各育的需要,美育是全面发展教育的重要组成部分,它渗透在全面发展教育的各个方面,对学生身心健康和谐地发展有促进作用。

8.《学生科学素质教育》

教育应面向全体国民,以提高国民素质、提高学生科学素养为目标,为学生的终身发展打下基础。本书以培养小学生科学素养为宗旨并依据新课程标准编写。学生通过本书的学习,能知道与身边常见事物有关的浅显的科学知识,了解科学探究的过程和基本方法,保持和发展对周围世界的好奇心和求知欲,逐渐养成科学的行为习惯和生活习惯,形成敢于创新的科学态度,培养爱科学、爱家乡、爱祖国的情感。

9.《学生创造素质教育》

创造才能是各种能力的集中和最有价值的表现,人类社会文明都是创造出来的,所以只有具备创造才能的人,才是最有用的人才。一切发达国家都非常重视青少年创造才能的培养。培养创造才能要从教育抓起,要从小做起。

10.《学生成功素质教育》

本书旨在让学生认识到成功素质教育的重要性。成功素质教育的目的和意义在于:激发学生对于成功的欲望和追求;让学生了解成功素养的内涵和相关解释;通过开展积极有效的成功素质教育,激发学生潜能;让学生自发主动地参与成功素质的行为,由被动转为主动。

11.《学生爱国素质教育》

祖国是哺育我们的母亲,是生命的摇篮,我们应该因为自己是一个中国人而感到骄傲。学校要坚持抓好学生的爱国主义教育,使他们从小热爱祖国。"祖国"一词对小学生来说,比较抽象,因此,他们对学生进行爱国主义教育,注意从大处着眼,小处着手,引导学生从身边具体的事做起。

12.《学生集体素质教育》

一个国家如果没有团结稳定的局面是不可能繁荣兴盛的;一个集体如果没有精诚合作的精神是不可能获得发展的;一个班级如果集体观念淡薄是不可能有提高进步的;一个人如果不加强培养集体意识,他是不可能被社会所接纳的。集体意识的培养对每个学生来讲是至关重要的。学生只有在校园就开始提高自己的集体协作意识,才能在将来的工作中游刃有余,才能让自己的前途得到更好的发展。

13.《学生人道素质教育》

人道主义精神与青年成长的关系非常密切,既关系思想意识上的完善,又关系知识面的拓展。为进一步切实加强青少年的思想道德建设,建议教育部制定切合实际的教育纲要,将人道主义教育纳入中小学生课程。本书从人道主义精神的培养入手,规范未成年人的行为习惯,使他们真正成为合格的接班人。

14.《学生公德素质教育》

社会公德作为人类社会生活中最起码、最简单的行为准则,是和广大人民群众的切身利益密切相关的,是适应社会和人的需要而产生的。它对人们的社会生活具有特殊且广泛的社会作用。每个社会成员都应该自觉遵守社会公德。社会公德是衡量一个国家全民素质水准的重要标志,抓紧对青少年进行社会公德教育,既是推动社会进步的奠基工程,也是社会主义精神文明建设的一项战略任务。

15.《学生信念素质教育》

加强公民道德建设,在全社会树立中国特色社会主义的共同理想和信念,加快构建传承中华传统美德、符合社会主义精神文明要求、适应社会主义市场经济的道德和行为规范。未成年人是祖国未来的建设者,加强和改进未成年人思想道德建设尤其重要。理想信念教育是培养公民素质的本质要求,把学生培养成为热爱社会主义祖国，具有社会公德、文明行为习惯的遵纪守法的公民是我国德育工作的主要任务。在德育体系中，理想信念教育处于核心地位，是德育研究的重中之重。

16.《学生劳动素质教育》

劳动素质教育是向学生传授现代生产劳动的基础知识和基本生产技能，培养学生正确的劳动观点，养成良好的劳动习惯的教育。本书旨在培养学生正确的劳动观点和良好的劳动习惯，使学生掌握初步的生产劳动知识和技能。

17.《学生纪律素质教育》

依法治国已成为我国治国的方略。我们正在建设社会主义法治国家，纪律法制在社会生活中的作用越来越重要，因此进行纪律法制教育也就十分必要了，对青少年学生尤其如此。青少年时期正好是一个人世界观、人生观、价值观的形成时期，在此时加强纪律法制教育，有利于帮助他们掌握应有的纪律法制知识，增强纪律法制意识，提高自觉遵守纪律法制的自觉性，养成良好的遵纪守法习惯。

18.《学生民主法制素质教育》

在推进依法治国，建设社会主义法治国家的进程中，加强对青少年的法制教育，促进青少年的健康成长，我们负有不可推卸的历史责任。为此，本书对当前青少年犯罪的现状、特点、成因进行了调查，对如何进一步加强青少年法制教育和预防青少年犯罪的方法作了一些探索，具有很强的系统性、实用性、实践性和指导性。

19.《学生文明素质教育》

礼仪是一种修养，一种气质，一种文明，一种亲和力，它是人际交往的通行证。青少年是祖国的希望，是 21 世纪国家建设的主力军。培养他们理解、宽容、谦让、诚实的待人处事和庄重大方、热情友好、礼貌待人的文明行为举止，是当前基础教育和学校德育工作的重点之一。将主题宣传教育活动、文明礼仪知识普及活动、日常行为规范教育活动紧密结合起来，培养学生文明行为举止，抓实抓细，必定卓然有效。

20.《学生人生观素质教育》

当代的中学生是跨世纪建设有中国特色社会主义的主力军，他们的人生观如何，关系到他们的本质是否能够得到全面提高，关系到我国社会主义大业的兴衰。因此，学校必须加强对中学生进行人生观教育。在校学生是我国社会生活中被寄予厚望的最重要的群体，他们的人生观变化是社会变化的晴雨表。人生观不仅影响他们个人的一生，而且对国家的前途、命运产生相当大的影响。因此，学校必须加强对中学生进行人生观教育。

由于时间、经验的关系，本书在编写等方面，必定存在不足和错误之处，衷心希望各界读者、一线教师及教育界人士批评指正。

编者

目　录

第一章

学生人道素质教育的理论指导

1. 人道主义教育理念的概述

人道主义教育就是用人道主义的手段、方式和思想培养出具有人文精神的人的教育。

教育首先必须是人道的教育。就是要求教育要关心人、尊重人，教育是培养人而不是淘汰人，教育是使人成功而不是使人失败。这是人道主义最基本的要求。就此而言，应试教育是一种非人道的教育，它通过考试的方式选拔人、淘汰人、使人失败、使人成为应试教育的奴隶。

教育必须要关心人、爱护人、尊重人。人道主义教育要求教育要关心学生的身心健康，不让学生超负荷学习，学生有困难要及时帮助；教育要爱护学生，不用野蛮的手段教学，要培养、保护学生的好奇心、兴趣爱好、创造力和想象力；教育要尊重学生的人格，培养学生健康的人格。

人道主义教育要培养具有人文精神的人。这是人道主义教育的目的和归宿。

人道主义教育就是要培养出会关心人、会体恤人、会同情理解人的人，一个充满人情味、充满人文怀的人。应试教育单纯地追求"高分数"而使人变得麻木不仁，单纯的追求"精神"和"思想"而造成了对活生生的"肉体"的遗忘和虐待，以致"高尚思想"和"精神"变成了无源之水，无本之木。

2. 学校人道主义教育的原则

教师职业道德，是我国社会道德建设的一项重要内容。教师的职业道德不仅规约着教师的个人行为，同时也对青少年成长，甚至对整个社会生活都起着不可忽视的影响。高校教师，肩负着为中国特色社会主义建设事业培养合格人才的重要使命。

因此，高校教师既要成为学术方面的专家学者，又要成为培养和造就新型人才的行家里手。这就要求高校教师不仅应当具备从事教育教学工作的专业理论知识，而且还应当具有良好的职业道德。

职业道德内化机制的研究意义

研究高校教师职业道德内化机制，必须着眼于当前我国经济社会发生了深刻变化的时代背景。离开了这个大背景来探讨高校教师职业道德内化机制研究的理论和实践意义，只会流于空谈。基于此，我们以时代的变化为出发点，对加强高校教师职业道德内化机制进行考察，必将会拓展我们的研究视野。同时，在某种意义上来说，我们深入开展高校教师职业道德内化机制，也迫切需要新的视野、新的角度。

（1）适应开放环境的需要 作为社会职业道德之一的高校教师职业道德，也必将受这种变化的深刻影响。这种变化，既为每一个教师提供了良好的发展条件，同时也提出了应予防范的问题。具体来说，一方面需要强化高校教师对有利条件的利用和选择，另一方面需要增强高校教师能够自觉地对不利条件排除和防范的能力。在机遇与挑战同在的情况下，高校教师要真正做到把握好自己，不被复杂所迷，不为诱因所动，就必须要加强自身的道德修养，并内化为一种外在的良好行为来塑造大学生的灵魂，引导大学生养成高尚的行为习惯。因此，开展高校教师职业道德内化机制研究，是适应改革开放环境的一个基本前提。

（2）适应市场经济的需要 道德的形成与发展是以一定的物质为基础，并随着经济社会的发展而调整。市场经济的发展，需要与之相适应的社会道德水准为之服务。

社会主义市场经济的发展为教师职业道德建设提供了物质保证，并提出了新的任务和更高的要求。这必将激发广大教师不断地提高业务水平，永远不能满足自身现有的知识和技能。

但是，在市场经济发展过程中，出现了多元经济主体和利益主体。虽然各种利益主体在根本利益上是一致的，但是，也存在着各自不同的具体利益，反映在文化层面上就呈现出不同层次的精神需求和价值多元化的特征。

在这种多元价值的背景下，高校教师的价值观和价值追求，也将呈现出多元的价值倾向。面对各种不同的利益关系，高校教师必须提高自教自律的自觉性和坚定性，始终做到严于律己、敬业爱生、教书育人，正确处理好各种利益关系，才能不被消极、落后的思想观念所影响。

（3）适应终身学习的需要　在本世纪，终身学习已经成为人们生活的一个重要组成部分。教师终身学习是教师职业道德的一项新内容。学校不仅是学生成长的地方，也是教师成长的地方，而学生的成长是靠教师的成长来促成的。

教师只有把自己视为一名持续的学习者，不断反思自己的观念、态度、策略、行为等方面，并加以改正，才能促进学生的成长。对于高校教师来说，学习的目的不能仅局限于"教"，更不是为了获取报酬和奖励才加强自身的学习，而是通过学习，不断开拓自己的生命空间，不断实现心灵的转换，不断开展自我创造。俗话说得好，"要想教会学生一杯水的知识，教师就需要具有一桶水的知识"。

当今社会，是一个科学技术突飞猛进、日新月异的知识时代。在这样一个时代，高校教师要想做到不被时代所淘汰，就必须成为一位终身学习的坚定者，通过连续不断地学习认识自己、丰富自己、发展自己，才能与大学生一起共享知识海洋中的巨大财富，汲取发展的力量而活出生命的真谛。

职业道德内化机制的主要过程

高校教师职业道德内化，是指高校教师个人接受我国经济社会发展对教师这个特殊行业职业道德所要求的思想、观念、规范等，并在实践过程中转化为自身的行为态度，变为自己的思想意识体系的有机组成部分，成为支配自己的思想、情感、言行的内在力量来教育和影响大学生的一种思维和实践过程。按照心理学家对人类道德内化机制的研究成果，我们从以下几个方面来探讨高校教师职业道德内化机制。

（1）服从过程　这是高校教师职业道德内化机制形成的前提。由于服从行为不是人们自己真心愿意行为的具体体现，而是外在压力所造成的，因而在认识与情感上呈现出与他人意愿的不一致性。

当人们的服从行为发生时，根据服从者内心是否发生冲突，我们把服从分为"口服心服"、"口服心不服"以及"口不服心服"等几种类型；根据服从的对象不同，我们把服从分为"对人的服从"和"对规范的服从"等几种情况。对于加强高校教师职业道德内化机制来说，服从具有重要的理论和现实意义。

高校教师职业道德作为社会对教师这个特殊群体的思想品德要求，无论是青年教师或是执教多年的老教师，都是一种必须遵循的行为规范。因此，广大高校教师在教学教育实践中，首先必须服从这一道德规范。它要求每一名高校教师在任何时候、任何条件下，都要服从高校教师的职业道德准则，按照高校教师职业道德的规范行事。

（2）认知过程　这是高校教师职业道德内化机制形成的基础。高校教师只有在服从其职业道德的过程中，才能够逐渐地认清我们所服从的规范和行为本质，并将经济社会发展所要求的思想意识、道德准则与自己原有的思想道德加以比较，进行评比和判断，最终才能够认知和接纳。

　　在这一过程中，高校教师将会自觉或不自觉地对照高校教师职业道德的标准和要求，认真检查自己，反复要求自己，经常查找自己是否存在不足和缺点，从而做到有则改之，无则加勉。

　　可以看出，认知的过程，就是检查的过程，就是评判的过程以及接纳的过程。

　　在实际工作中，高校教师通过自我约束、自我控制和自我管理等途径，不断加强自身的职业道德教育，增强自身牢牢把握正确方向的能力，自觉提高自己的认知水平，培养自己良好的职业道德品质。

　　（3）同化过程　这是高校教师职业道德内化机制形成的关键。在这个过程中，高校教师个体不是被迫而是自愿地接受经济社会发展对高校教师职业道德的观点、意见、规范和要求等，使自己的态度和思想与经济社会发展关于高校教师职业道德的要求相一致。

　　高校教师个体职业道德的同化，经历着一个由表及里、由局部到全部融合的过程。被同化的高校教师个体起初并未意识到同化高校教师职业道德的优势所在，只是后来迫于外在压力而不自觉地服从、认知以及模仿。

　　在这一过程中，同化速度开始的时候比较缓慢，但是被同化的高校教师个体一旦意识到自己所接受的高校教师职业道德优越于自身原来所具有的道德水准的时候，就会主动放弃自己原有的道德模式与道德意识，积极投入到高校教师职业道德的学习和融合之中，最终加快自己的同化速度。

　　（4）内化过程　这是高校教师职业道德内化机制形成的目标。高校教师个体通过对高校教师职业道德内化机制的服从、认知以及同化，其目的就是要达到内化为自身的道德品质和道德素质。

　　在内化过程中，高校教师个体能够从内心深处真正相信并接受经济社会发展的观点和要求，并将这些观点和要求纳入自己的价值体系，经过丰富和发展逐渐成为自己价值体系中的一个有机组成部分。

对于每一位高校教师来说，要取得思想道德品德上的进步和提升，就必须完成思想道德规范和要求的内化过程。也就是说，高校教师必须用社会主义所要求的教师道德去战胜各种非社会主义的教师道德，自觉、严格地按照共产主义的道德要求原则和道德规范去剔除自己思想中落后的思想杂质，从而内化正确的道德原则及规范。

职业道德内化机制的加强措施

高校是当代大学生接受科学文化教育和道德教育的重要阵地，是培养"四有"新人的摇篮。在高校教育教学工作中，教师的作用不可低估。

高校教师渊博的知识和以身作则的示范作用，不仅可以增强说理的可信性和感染性，而且能像春雨润物一样起着细微的、不易觉察的耳濡目染、潜移默化的作用。大学生正处于世界观、人生观和价值观的形成时期，高校教师良好的道德素养，对于当代大学生的成长、成才起着十分重要的作用。

研究高校教师职业道德内化机制的加强措施，有利于提高高校德育工作的实效性，更有利于培养许许多多中国特色社会主义建设事业的接班人。

（1）坚定高校教师的理想信念　理想信念是人生的动力，也是人生的目标。没有理想信念，就没有坚定的方向，而没有方向，就等于没有生活。每个人都有自己的理想信念，这种理想信念决定着他努力奋斗的方向。

高校教师必须坚定自己的理想信念，做坚定理想信念的表率，逐步使大学生在教师的表率作用和影响下，将这种理想信念转化为自身内在的动力，时时激励他们刻苦学习、勇攀高峰，为实现中华民族的再度辉煌而不懈奋斗。

（2）拓展高校教师的知识层面　当今社会是个知识飞速发展的社会，一个不学知识的人，终究面临被社会淘汰的危险。高校教师要提升自己的人生价值和品味，就要不断地学习科学知识。

高校教师在人才培养中占主导地位，他们对当代大学生的成长起着最直接、最有力的作用。这种作用表现为，以其言传身教来教化学生、激励学生，从而实现培养人才的目的。高等院校常以高水平、高素质的师资而闻名，当代大学生也常常以自己所在的高校拥有众多的大师、名师而自豪。

然而，高水平、高素质的大师、名师绝不仅仅取决于教师的高学历、高学术或高水平，而且还取决于他们具有比较高尚的思想道德修养。

一位高校教师的思想道德修养，在一定程度上影响着他能否具有严谨治学、认真执教、乐于奉献、尽职尽责的精神品格和文化内涵，影响着他能否真正起到教书育人、为人师表的榜样示范作用。因此，高校教师要深入研究教育知识，准确理解教育内涵。高校教师要想从根本上弄清楚"什么是教育，怎么教，怎么学"等问题，就必须不断地拓展自己的知识层面。

（3）陶冶高校教师的品德修养　师德建设在校园文化建设中，具有榜样示范作用。教师是"人类灵魂的工程师"，充分说明教师在学生成长中起着极其重要的作用。具有高尚品德的教师，往往受到青少年的爱戴和拥护，并在他们心目中产生威信。威信一旦形成，教师就能充分发挥以德育人的作用。在当代高校这个特定的育人环境中，教师是一支最基本、最重要的队伍。

"为人师表"是称颂教师可敬形象的表述，其中"师表"内涵德才兼备，即学高为"师"，身正为"表"。作为一名高校教师，传授给当代大学生的绝不仅仅是某种具体的科学文化知识，更根本的还在于给当代大学生传授科学的价值观、人生观、道德观，用自己内在的高尚品格和文明的行为举止去影响当代大学生；用正确的政治态度去教化当代大学生，以身作则去带动当代大学生；用乐于奉献的精神感染当代大学生，从而以良好的精神面貌为当代大学生树立好榜样。

（4）规范高校教师的言行举止 人们常说："榜样的力量是无穷的。"高校教师在教育教学过程中，要严格要求自己，以身作则，做良好行为的标兵，才能实现潜移默化的效果。孔子曰："其身正，不令而行；其身不正，虽令不从。"

在实际生活中，当我们要求大学生每天必须准时到教室的时候，我们自己首先必须准时到达；当我们要求大学生讲究卫生，我们自己首先必须养成良好的卫生习惯；当我们看到教室里乱扔纸团的时候，我们自己应该主动地捡起来扔到垃圾桶中，以培养大学生讲究卫生的良好习惯；当我们看到教室的桌椅坏了的时候，我们自己主动拿来工具修理，以培养当代大学生爱护集体财产的观念；当我们要求大学生讲普通话的时候，我们自己应该先讲普通话。

唯有如此，高校教师才能真正以自己的言行举止来影响当代大学生、教育当代大学生、陶冶当代大学生，实现以德育人的目的。

3. 学校人道主义的教育思想

作为20世纪著名教育家、苏联社会主义劳动英雄、苏联教育科学院通讯院士，苏霍姆林斯基以人道主义价值为基础，开展教育教学过程人道化的试验，创造了独树一帜的人道主义教育教学体系。"全部的学校生活都应当渗透人道主义精神"，这不仅是苏霍姆林斯基对自己教育工作经验的总结，也是他所领导的整个帕夫雷什教育集体实施教育活动的真实写照。帕夫雷什学校的全部教育教学工作体系依旧以培养人道主义价值、仁爱思想为目标，努力为每位学生个性的创造性发展创造条件。

学校的特色教育

苏霍姆林斯基曾再三强调：每所学校都应当有自己的特色、自己的习惯和自己的传统。事实上，帕夫雷什学校始终保持着自己丰富而有益的传统。

苏霍姆林斯基非常重视思维课，强调"最初的思维课不应当在教室里、在黑板前进行，而应当在大自然中进行"。长期以来，老师们一直按照苏霍姆林斯基的建议带孩子们走进自然，走进"蓝天下的学校"。他们在每年的不同季节组织题目不同的、趣味十足的思维课，老师们还延续苏霍姆林斯基的做法，选择"通向儿童心灵的最好途径"，即编、讲故事来组织教学，在蓝天白云之下、绿草茵茵之中完成这些专题的课堂教学。

学生们也必须自己编写一些有趣的故事，这些故事不仅可以丰富低年级学生的词汇，而且对于培养他们的优秀品德、发展学生的连贯性语言、训练他们自主思考能力都大有益处。孩子们将自己一年内在自然界中搜集来的故事编入"帕夫雷什故事集"，并给这些引人入胜的故事配上图画，然后送交到苏霍姆林斯基教育纪念馆。其中的一些优秀作品被选出来拍成短剧，与苏霍姆林斯基写给孩子们的故事一起，在每年的*5 月 31 日*（六一儿童节）和*9 月 28 号*（苏霍姆林斯基诞辰日）举办的全校故事节上演出，供全校师生共同分享。低年级的教师会将故事集保留到毕业晚会，然后交给学生作纪念。

热爱读书，热爱写作

苏霍姆林斯基非常强调学生的语言培养，注重加强他们热爱母语——乌克兰民族语言的情感。他认为，语言素养是精神素养的一面镜子，他一贯主张：语言是深不见底的一眼水井，但是水井需要得到照料，以便让母语的财富之源从孩子刚步入学校生活的时候就开始向孩子渗透；他认为，只有当对人、对母亲、对书、对母语的崇拜占据学校的主导地位的时候，学校才能成为真正的精神与文化发源地。

在培养读书习惯方面，帕夫雷什学校的"基洛夫格勒图书博物馆"起着重要作用，这里搜集了许多带有著作者亲笔签名的乌克兰作家的作品。在给一位友人的信中他写道："我们希望将现代乌克兰作家所有最优秀的作品摆到书架上，以便使这个房间成为培养学生热爱母语的一个小小的发源地。"

文学小组成员时常搜集有价值的材料。书在教育体系中具有很重要的作用。"学校和书是两个不可分割的概念"，苏霍姆林斯基建议并要求教师多读书，为此，班主任们举办了各种非常具有吸引力的专题活动日，如"书是知识的源泉"、"我最喜爱的书"、"不读书者无知"等。

教师们还利用一切可能唤起学生喜爱诗歌、创作诗歌的情感，如开展"处女作"创作比赛，这样的比赛已经成为一种传统，还会将其中最好的学生作品编成诗集，并在学校报纸上，在区和州的报纸上发表。为有文学才能的孩子们提供发展空间的有"源泉"文学室、文学对话、"处女作"和微型剧院等活动。

"家长学校"与时俱进

苏霍姆林斯基指出：没有家庭的直接参与，对学生的人道主义培养问题不可能完全解决。家庭在孩子的人道主义教育过程中具有重要作用。当年，苏霍姆林斯基创办了"家长学校"，几乎所有帕夫雷什学校学生的家长都当过这所学校的听众。40 多年来，帕夫雷什学校的家长学校始终坚持向家长进行教育学知识教育，并且还为 5 ~ 6、7 ~ 8、9 ~ 11 年级的学生家长分别开设三个速成班。

苏霍姆林斯基为家长们制定了提高其家庭教育学素养、使其能在家中对孩子进行道德教育的体系，这一体系在如今的帕夫雷什学校中仍得以继续，并且随着时间推移更加完善。

学校非常注重针对那些不能保证对孩子进行必要教育的家庭开展工作。在有家长参与的情况下，组织"家庭相册"、"我们成长为像父亲一样的强壮而勇敢的人"等不同主题活动。

劳动与收获

苏霍姆林斯基非常注重劳动教育在儿童早期成长中的重要作用。他认为培养孩子人道精神的关键因素在于安排孩子参与社会公益性的劳动，而且这种活动有必要从孩子早期成长阶段就开始。"童年时期、少年时期和青年早期的劳动应当被学生视为首要的、高尚的道德责任，孩子的劳动锻炼是实施道德教育的最为重要的内容成份，这一点非常重要。"为了使这一信念进入到每一个家庭中，苏霍姆林斯基安排"每一位跨入帕夫雷什学校的一年级学生都同他们的家人一起种下了母亲果树、父亲果树、祖母果树和祖父果树。孩子在整个学校期间都照顾自己种的树，并兴高采烈地将第一颗苹果、第一串成熟的葡萄和亲手栽种的玫瑰带给妈妈作礼物"。就这样，帕夫雷什学校的学生从入学就开始学习如何关心他人、关心家庭成员并给家人带来快乐！

老师每年都会向一年级新生介绍学校，孩子们从老师深情的介绍中了解到，学校中哪些树木是他们的祖父辈和父辈们栽下的，哪些是他们的兄长、学兄学姐种下的。在专注地聆听的同时，他们开始明白"前人栽树，后人乘凉"的劳动哲学。

学校里有很多有趣的劳动传统：孩子们种树、编鸟笼、采摘……。学校周围有一处花园，这个花园被苏霍姆林斯基称为母亲花园，是孩子们经常光顾的地方。他们用浇水、培土的辛苦换来鲜花的盛开。

每年春天，四年级学生要在学校播种经过挑选的麦种，并侍弄这些麦苗，直到秋天收获时节。每年的 8 月末，学校要庆祝低年级学生的收获节。学生们在家长的帮助下，用由这些麦子磨成的面粉烤制面包、馅饼，然后在校园里庆祝收获。节日的书桌上摆着大面包、馅饼，以及学校果园中采摘的苹果、鸭梨、李子、葡萄，还有蜂蜜。每当此时，孩子们的脸上总是洋溢着无限的自豪和骄傲。正像苏霍姆林斯基曾经说过的那样："在收获节这天，劳动与美的统一被鲜明地展现出来。"

难忘的节日

按照传统，入秋时节，学校还要庆祝鲜花节。低年级的学生漫步在童话般的鲜花世界中，他们识别秋季花草的种类、名称，猜谜语，玩游戏。通过举办鲜花节，孩子们了解了花的物种起源，以及它们的药用特点，孩子们还能高兴地听到不少关于花的童话故事，参加问答游戏，欣赏描写鲜花的音乐，朗诵诗歌。鲜花作品比赛也是鲜花节活动项目之一。而鲜花节最重要的组成部分是苏霍姆林斯基的以花为主角的故事被编排成剧，由孩子们自己演出。

鲜花节在高年级举办的"秋天的鲜花舞会"中达到高潮：大厅中装饰着五彩缤纷的鲜花，在柴科夫斯基美妙的"鲜花圆舞曲"伴奏下，在被鲜花淹没的美丽秋色里舞会开始。之后是鲜花舞蹈，还有非常有趣的"花瓣贴花"比赛，歌咏比赛……感情真挚的诗朗诵把人们带入到诗的世界，尤其是高年级的学生陶醉于其中不能自拔，要知道，鲜花舞会太美了——这里汇聚了音乐美、舞蹈美、语言美、鲜花的自然美！

冬去春来，大地复苏，万物皆绿，充满生机，夜莺的歌唱也令人心旷神怡，学校在这时段要组织庆祝的节日是母亲节。这个节日也是苏霍姆林斯基及其志同道合者创立的节日，它体现着教育家对母亲的无尚崇拜。苏霍姆林斯基断言：不懂得热爱自己母亲的人，就不会热爱自己的祖国；爱母亲，就意味珍惜自己从降生到生命的最后一刻所饮用的泉水的纯洁度。人之所以作为人活着，之所以在别人眼里也被视为人，是因为他一直都是自己母亲的儿子。苏霍姆林斯基正是用这种简单得不能再简单的比喻，谆谆教诲着帕夫雷什人如何热爱自己的母亲，如何热爱别人的母亲，如何热爱大家共同的母亲——祖国。年复一年，帕夫雷什学校的母亲节一直被隆重庆祝着，帕夫雷什人的仁爱之心在苏霍姆林斯基精神的激励中不断延续、深化。

众所周知，在苏霍姆林斯基这里，人道主义教育思想从来不是抽象的大道理，也不只是书本上的文字。把人道主义教育理念融会在学校日常的教育教学和课内外集体活动和劳动之中，这就是苏霍姆林斯基教育体系的最突出特点。

当教育科学力求解决一系列更为复杂问题的时候，培养学生的人道主义价值观依然是其中最重要的问题之一。深入研究苏霍姆林斯基的教育学著作，可以找到成功解决这些问题的建议和方法，因此，苏霍姆林斯基的教育思想体系受到了各国教育工作者的关注。

4. 人道主义教育的重要意义

学校不仅要进行人道主义教育，更要将其贯彻进自己的教育理念中去。在我国，对于如何对待残疾人问题上，一直不尽人意，这是一个很大的社会问题。残疾人概念不仅是一个医学概念，也是一个社会概念，是具有科学定义的。据联合国统计，残疾人占世界总人口的十分之一，约五亿多人。解放后，我们国家残疾人事业逐步发展，但总体水平较低。目前，随着改革开放和经济建设的发展，各方面矛盾增多。

主要表现在：第一，福利工厂竞争能力低；第二，教育水平低，没有教育设施，"文化大革命"中，学校遭到破坏，如今也发展缓慢；第三，救济标准低，随着物价调整，残疾人生活水平降低残疾人由于文化水平低，加上残疾影响，造成家庭困难多，社会地位低。这是全国性问题。

随着社会的发展，人们的需求增多，生活中各种矛盾突出了。社会保障搞得不好，不仅影响残疾人，对国家和社会发展，也有不良影响。

从社会的角度看，我们国家有优良的道德传统，有稳固的家庭，这是好的方面。但也有不好的方面，比如封建主义的东西。改革，就是要改掉上上下下封建主义的东西，如终身制等。封建主义思想与社会主义思想存在尖锐矛盾，残疾人要求实现的是社会主义人道主义。

对待东西方文化应该兼容并蓄，"求同存异"，找大家的共同点。共同点总是能找到的，其中之一就是人道主义。在中国，我们讲社会主义人道主义，它是我国社会的基础思想之一。

但是，由于我国几千年的封建统治，又有连年战争，人道主义思想尚未遍及社会。不像西方，人道主义搞了几百年，比较深入人心。

人道主义在我们的社会里，在一些干部、甚至少数宣传干部头脑中还非常模糊。所以，普及社会主义人道主义，还要"扫盲"，要从少年儿童抓起。这样培养出来的新人，才会有更博大的胸怀和美好的心灵。做这个工作，无论下多大功夫，都是值得的。

现在是什么状况呢？有不少人，包括一些少年儿童歧视残疾人。当一个残疾人走过来时，他们看热闹，甚至扔石头，打、骂，这类现象很普遍。他们不理解残疾人的苦衷，更不把残疾人看成需要帮助的人。类似粗野的、不文明的行为，使众多的残疾人伤透了心。在一个文明的社会里，这样的行为是不能容忍的，而在我们这儿，人们对这种现象却熟视无睹。为什么，因为缺乏基本的道德教育。我认为，"博爱"比"搏斗"强。要进行爱的教育，把"爱祖国、爱人民"这一概念再充实、丰富一下，使人们知道尊重残疾人、老年人，这样才会促使社会风气好转。

理解、尊重、关心、帮助残疾人，比同情、怜悯好。当然同情也是好的，总比歧视强些。

社会主义人道主义，应当是我国精神文明建设的重要组成部分。宣传出去，可以站得住脚，不会出偏差，而且会有好效果。从社会上暴露的一些问题可以看出，现在的学生和孩子们缺乏理想，缺乏爱心，也缺乏实际锻炼。要切切实实帮助他们，不能搞"高分低能"。学校应有目标管理，应有明确的培养目标。

"发扬社会主义人道主义精神，尊重残疾人、老人"，青少年应首先受到这方面的教育。

国家教育委员会、共青团中央、全国妇女联合会、中国残疾人福利基金会关于在少年儿童中进行社会主义人道主义教育，培养理解、尊重、关心、帮助残疾人良好道德风尚的意见，我国残疾人可能有七千万左右，受残疾人影响的社会成员则更广泛。建国之后，特别是党的十一届三中全会以来，随着各项事业的蓬勃发展，我国残疾人事业也有了长足的进步。但是，由于封建道德和旧习惯势力的影响，以及我们进行社会主义人道主义的宣传教育不够，残疾人事业还没有引起全社会应有的重视，在社会上还不时表现出对残疾人的冷漠、偏见和歧视，使残疾人的公民权利和人格没有得到应有的保障和尊重，从而也有损于我国社会主义的形象。因此，要认真贯彻《中共中央关于社会主义精神文明建设指导方针的决议》（以下简称《决议》），面向全社会进行普遍的社会主义人道主义教育。

《决议》明确指出："在社会公共生活中，要大力发扬社会主义人道主义精神，尊重人，关心人，特别要注意保护儿童，尊重妇女，尊敬老人，尊敬烈军属和荣誉军人，关心帮助鳏寡孤独和残疾人。"这是"建立和发展平等、团结、友爱、互助的社会主义新型关系"

的重要内容，也是社会主义道德教育的组成部分。根据中央领导同志关于"共产主义教育要从娃娃抓起，从中、小学抓起"的指示，当前，从"关心帮助鳏寡孤独和残疾人"这一少年儿童经常接触、感召力较强的环节入手，进行社会主义人道主义教育，对贯彻《决议》有着重要的现实意义和深远的社会影响。

为此，国家教委、共青团中央、全国妇联、中国残疾人福利基金会共同商定，从一九八七年开始，在全国少年儿童中进行以理解、尊重、关心、帮助残疾人为主要内容的社会主义人道主义教育，并在此基础上使这一教育经常化，成为对少年儿童进行德、智、体、美、劳全面发展教育的内容之一。

当前，在开展这一教育活动中，要着重抓好以下几个方面的工作：

（1）把进行社会主义人道主义教育，培养理解、尊重、关心、帮助残疾人良好道德风尚的内容列入中、小学思想品德课、思想政治课以及其它有关科目的教学内容中，注意理论联系实际，充分考虑少年儿童的思想特点和年龄特点。要通过浅显易懂的道理，具体形象的事例，身边的人和事对少年儿童进行教育。要抓好教材的编写及课外辅助教育活动，并注意及时总结经验。今后拟在适当时候召开由部分少年儿童工作者、教育工作者、社会学家、理论教育工作者参加的学术研讨会，探讨在少年儿童中进行社会主义人道主义教育的理论与实践问题，并在报刊上组织发表相应的文章。

（2）各地在对中、小学生进行学习英雄模范人物先进事迹的教育活动中，要注意组织学习残疾人中自强不息、奋发向上的优秀代表。同时启发少年儿童学习身边那些普普通通的残疾人不畏困难、坚韧不拔的进取精神，引导少年儿童以同龄残疾小伙伴锲而不舍，克服困难，遵守纪律，勤奋学习的典型为榜样，争做80年代的优秀少年。

（3）积极开展关心帮助残疾人的实践活动。引导少年儿童把理解、尊重、关心、帮助残疾人同树立爱祖国、爱人民、爱劳动、爱科学、爱社会主义的道德情操紧密结合起来。通过开展"红领巾行动"、"小帮手"、"让春风吹暖残疾人心田"、"我同残疾小伙伴共同成长"等形式多样、生动活泼的实践活动，培养心中有人民，乐于为人民，为社会尽义务的好思想、好品德和文明礼貌的良好习惯。

为了推动这一活动的开展，拟从一九八七年开始，在适当的时候举办征文活动和夏令营活动，并采取一定的形式，表彰在开展这一教育活动中做出显著成绩的先进集体和个人。

（4）各地中、小学以及少年先锋队组织应该把这一教育活动纳入贯彻《中共中央关于社会主义精神文明建设指导方针的决议》的教育安排之中。要在当地党和政府的领导下，与各有关部门紧密配合，取得社会各界及群众团体的支持和协助。

努力争取广播、电视、报刊等新闻单位对这一教育活动的支持和宣传报道。

要充分发挥少年宫（家）、儿童少年活动中心等校外教育机构的作用，创造条件使这些机构对残疾少年儿童开放，使这一教育活动更加丰富多彩，生动活泼。

（5）必须从实际出发，因地制宜，讲求实效，避免追求形式上的轰轰烈烈搞"一刀切"的做法。要防止增加学生及家长的经济负担。

（6）为了加强领导，各地教育部门、妇联、共青团组织、残疾人福利基金会应把开展这项教育活动，纳入自己的工作计划，定期研究总结。由中国残疾人福利基金会、全国少工委办公室负责联系与协调有关工作。

5. 人道主义与教育的紧密联系

苏联著名教育家山·A·阿莫纳什维利曾经写过一部反映学校无分数教育三部曲之《孩子们，祝你们一路平安》，里面对人道主义教育提出了精辟的见解，说明了人道主义与教育的密切关系。

顽皮体现童年智慧

朋友，当你的班里有这样一个孩子：她始终是你班里最文静和最听话的孩子，她文静得连她的声音都听不到，她总能精确地、不偏不倚地按照吩咐的那样完成任务，不爱怀疑，从不说个"不"字，她不喜欢到院子里玩，也不爱顽皮，她甘愿为人效劳，大家对她始终都很满意。你会怎样看待和对待她呢？

说实话，在没有看阿莫纳什维利的《孩子们，祝你们一路平安》这本书之前，我一定是非常喜欢这样的孩子的，因为这是班里那些不需要我们操心而又能给班级带来成绩带来荣誉的孩子！不喜欢她们我们喜欢谁？但阿莫扎扎实实的给我上了一课，让我明白了什么是真正的人道主义，怎样才是真正的教育。

请看阿莫的做法，他说："应该振奋这个女孩子的精神，使她成为一个烦扰人的孩子。"接下来他就告诉她的父母："你们干吗不让你们的女儿顽皮？"这样的问话使得做父母的万分诧异，他还一不做二不休的教女孩的父亲和女儿一起学顽皮！您是否觉得不可思议，是否怀疑这老师是否精神有些问题？

请看完阿莫的教育学再下结论也不为迟：一个孩子不会顽皮，这就意味着，他丧失了某种东西，他内在的某种重要的东西没有得到显露和发展。这种重要的东西沉睡着，如果他的整个童年都是这样度过的，要知道，在今后，任何力量都不能唤醒这沉睡着的东西！

如果一个儿童在顽皮，应该认为，这是他的智力、体力和精神的力量正在勃发和发展，并且，这种勃发和发展是猛烈的和快速的。

顽皮，这不是如果不切除就有可能毁灭儿童的恶性肿瘤，而是童年的智慧，应该懂得、理解这种智慧，并促进其发展。

顽皮，这是生活本身，是乐观主义和幸福信念的体现。在阿莫和女孩父亲的一起努力下，这个文静的小女孩成了一个乐观、愉快和顽皮的孩子！这个曾经在一年级梦见自己将要死亡的孩子不再郁郁寡欢，还和朋友列里背着大家偷偷地爬到了一棵大树的最高处，即使后来从树上爬下来时被擦伤了膝盖，也毫不在意，用自己的欢笑声医治了疼痛！你现在觉得是阿莫有问题呢还是我们的教育观有问题？

创造静寂无声的教室

朋友们，当我们建议孩子们做某种创造性的或复杂的独立作业的时候，我们就在教室里踱来踱去，巡视着他们，察看他们每一个人是怎样完成作业的，并不时地赞扬某人或指责某人。这种赞扬声或指责声会一直延续到孩子们完成作业的时候为止。然后我们收齐他们的本子，批改他们完成的作业。这应该是没什么问题的吧，或者说这应该是一个负责任的教师的作为吧。

在认识阿莫之前，我一直这么认为。可阿莫告诉我，这是一个权利主义的教师的做法。因为，在那样的情况下，我们不可能感受到学生们沉浸在其中的那种创造的激情，不可能理解他们遇到的困难。而只是他们的知识的检查员、一个学监：监督学生，使他们谁也不敢抄袭他人的作业，谁也不妨碍别人，谁也不跟他人交头接耳。这个学监就这样地站在（或坐在）自己的讲台边，紧绷着脸，活像一个打在惊叹号后面的惊叹号："喂，都自己写，要创造，自己做，要开动脑筋，要学会思考！"他的视线像一支支利箭，刺入了（他自己并没有意识到这一点）儿童创造性的思维活动里，由于这些利箭，他们的思维活动因疼痛而开始痉挛起来，猝然停止下来。

阿莫说，在孩子们做这种创造性或复杂的独立作业的时候，他都要像一名学生一样，坐到学生课桌的座位上去，完成与自己的学生正在做的同样的那种作业。与孩子们一起体验独立思考的艰辛和创造激情的快乐。任自己点点滴滴创造的闪现蔓延整个寂静无声的教室。

有时，当他感到"困难"的时候，即当他感到，也许孩子们会感到困难的时候，他就向他们求救，以便也帮助他们自己。"孩子们"，他轻声地说，"不知怎么搞的，这道题把我搞糊涂了……你们怎么样？"于是，在孩子们中间也有人轻声回答："不能那样做，要这样……""噢，我明白了，谢谢！"他轻声地说，教室重又笼罩在一片肃静之中。

在课改不断推进的今天，要给学生自主、独立的呼声越来越高，但在我们的教育生活中，我们更多的实施的却仍然是权利主义的做法，因为这样在短时间内显得更加简便、快捷、省心、省力！朋友们，你觉不觉得阿莫是教育界真正的人道主义战士，我们是不是需要改变一下自己的做法呢？

分数成为教育学的拐杖

我的朋友们，你又是怎样看待分数的呢？相信，你和我一样，对以分取人的教育制度已经看到了它的局限和不足，但你真的敢弃分数于不顾吗？你有没有有意无意的把分数作为区分"优等生"和"差生"的标尺？有没有潜意识里就喜欢了"好学生"，而对"差生"恨铁不成钢了呢？有没有以分数的进步和提升作为激励孩子的手段呢？

我想，我们或多或少都会被分数所左右的，然后，我们又用分数左右着我们的情感，左右着我们的学生！它使我们每天对自己的学生要求得多，同情和关怀得少；指责和处罚得多，鼓励得少；对他们铁板着脸的时候多，显露笑容的时候少；监管多，信任少；提问多，诱导少。不是吗？但在阿莫的课堂里根本没有分数！他的学生的智力的批判性、思维的独立性都是出色的！

在阿莫的教育学里，我看到分数是最没有教育学的因素可言的，我们为分数而进行的一切活动都只不过是教学，而绝非教育。它不能让儿童感到、亲身体验到我们对他们的善意、同情和关怀，无法帮助他们相信我们。它使孩子们由厌恶分数进而厌恶知识，甚至厌恶我们，欺骗家长，分数是造成我们和孩子之间种种冲突和隔阂的万恶之源，是跛足的教育学的一根拐杖。对于乐观主义的、快乐的、生气勃勃的教育学来说，分数是不需要的东西，就像拐杖之对于健康人来说是多余的一样。

我无法把阿莫在《孩子们，祝你们一路平安》中的人道主义教育在一篇文章里全都表达出来，但我已深深地记得阿莫的教育原则，感受到了来自异域的教育之光，我愿怀抱着我的教育梦想，努力做学生的探索者。

6. 青少年的人道主义教育指导

积极开展人道主义思想教育，全面提高青少年的德育素质。学校领导的高度重视和指导工作部署下，为了贯彻执行原国家教育委员会、中国红十字会总会文件精神，在青少年中开展人道主义思想教育，弘扬"人道、博爱、奉献"的红十字精神，促进社会主义精神文明建设，培养和造就青少年成为德、智、体、美全面发展的社会主义事业建设者和接班人，学校成立了红十字会理事会。

学校红十字青少年工作是学校教育工作的一部分，校红十字会工作具体落实到位，深入开展人道主义思想教育，宣传弘扬"人道、博爱、奉献"的红十字精神，积极开展募捐救困献爱心，取得了一定的工作成效，总结如下：

（1）学校团总支部充分发动团干部、班干部、团员学生开展"扶贫济困助残"献爱心活动，让一切有爱心、有社会责任感的人都行动起来，为了百名聋童开口说话，为了千名肢残人站立行走，为了万名白内障患者重见光明，同时涌现一批"爱心班级"，荣获"爱心个人"称号。

（2）学校团总支部掀起一股"学雷锋，树新风"的新高潮。

（3）为了纪念中国红十字会成立百年与世界红十字会日，学校团总支部在团员专刊出了一期"红十字园地专刊"。

（4）学校团总支部召开各班团书记会议，向全校学生发出《关于在全校青少年中开展敬老献爱心活动的倡议书》，充分发动共青团员、少先队员、全体学生开展"敬老献爱心"活动。

在洪濑镇党委、政府安排下，学校与都心村老年人协会挂钩，因都心村老年人协会活动场所受到限制，房屋年久已成危房，拟建一座老年人活动中心。

关心、支持、尊重、热爱老年人是学校的光荣传统，帮助老人、善待老人、关心老人更是我校的神圣使命，积极为老年人尽一份微薄之力，树立尊老、敬老的社会新风尚，这是我们的职责所在。

（5）学校在学校领导的高度重视和指导工作部署下，为了认真贯彻执行和落实红十字会"情系灾区，奉献爱心——救助灾民劝募书的通知精神室，学校利用红十字会理事会、行政会、教职工会议、校园广播、班会课、黑板报等德育阵地对学生进行一次助人为乐、奉献爱心，"一方有难，八方支援"的传统美德教育，在青少年中开展人道主义思想教育，大力弘扬"人道、博爱、奉献"的红十字会精神，召开各班团书记会议，充分发动理事会成员、团干部、班干部、团员、少先队员、学生开展主题为"捐一元善款，为灾民解难"的募捐活动，使青少年深刻认识到"洪水猛兽猛于虎也"，但"洪水猛兽"并不可怕，因为我们自有一颗"情系灾区，奉献爱心救助灾民"的大大的良心和"人道、博爱、奉献"的小小的爱心永驻心间，积极参与到红十字会的赈灾救济行列中来，踊跃捐款，奉献爱心，并出台了一系列的奖励机制，学校历来高度重视人道主义思想教育，帮助、支援、关爱更是我们为师者所应承担的人类文明的传承者。

(6) 学校高度重视信息的收集和报送工作，积极撰写、报送高质量的信息，结出了累累硕果。

7. 语文教学中人道精神的培养

教师的工作对象是人，有血有肉，会爱会憎的人，教育的目的是培养人，塑造完整的人格。人道精神是一个人立足于社会的最根本的精神，是对人的关切，尤其是对普通人，小人物的命运和心灵的关切，也对人性优美和完善的关切。

教师在教学中必须教育我们的学生"用自己的心去热爱周围的人们，去帮助周围的人们"。那么教师在生活中，课堂中要找准契合点，对学生进行人道精神的培养。

浅层的表现激发学生的同情心

同情就是对别人的不幸的遭遇在感情上发生共鸣，它是人类的美好感情的基础。前苏联教育家霍姆林斯基说："同情心，对人由衷的关怀，这就是教育才能的血和肉，教师不能是个冷淡无情的人。"他举例说道：一个孩子因为外祖母去世，而在上课时思想不能集中受到老师批评时，同桌把这一原因告诉老师，老师却冷淡地说："外祖母死了有什么关系？外祖母归外祖母，但是学习必须认真！"而极大地刺痛孩子的心，他一声不响，暗自流泪。从此以后却恨透了这位教师，直到毕业的时候。教师应该牵挂着学生的喜怒哀乐，为学生的成功而高兴，为学生的失败而难过。

当我的学生午夜打电话，吵醒了我的美梦，我满怀怨气地接电话，但是听到她那带哭腔的求助声，我心软了，就轻声安慰她，问清楚原因，原来她的爸爸妈妈吵架了，两人都离家出走了，家里只留下九岁的她，她哭着说："老师，我不敢睡觉。"在安慰和鼓励她，稳定了她的情绪后，我就打她妈妈的手机想请她妈妈回家，但是总关机。此时，我知道我的学生一定坐在那里等着她父母回家，我只得打电话对她带点撒谎性质的说："你妈妈在你奶奶家，她要老师告诉你早点睡觉，明天她就回来了。"

接着我就讲个笑话给她听，让她放心的去睡觉，对她说如果害怕可以抱着话筒睡觉，后来她由于搬家而转到别的学校，她在《我最尊敬的人》作文中写了我，写了这件事情，她的语文老师把这篇作文给我看，要我帮她写评语，我写到："孩子，你有一颗感恩的心，记住如果哪一天有谁打电话要向你求助，你懂得该怎么做吧。"

我们语文课本有很多的课文都是真，善，美结合的美文，学生通过对一篇文章的阅读、领会、理解，在语言世界里感受作者写出来的主人公的美好感情，或对人物遭遇的同情。在授课时，老师在深入钻研课文的基础上，授课时进入文章的意境，绘声绘色地描述、引导，进一步激起学生情感上的共鸣。

教学范例如下：如教《秋天的怀念》文中的已身患重病的母亲面对残疾的儿子捶打自己的腿，喊着："我活着有什么劲！"母亲扑过来抓住儿子的手，忍住哭声说："咱们娘儿俩在一块儿，好好儿活，好好儿活……"我讲到这里，感到一种揪心的痛，一个多么热爱生命的母亲，一个多么坚强的母亲，她此时忍受的是什么样的痛，深爱儿子的她看到儿子的自虐行为，她的心一定在流血，我把这些感受声情并茂的传给学生，并且问：

"同学们，我现在是那个身患绝症的妈妈，但是此情此景，我已身心疲惫，我对我的儿子说：'妈也累了，孩子我们一起走入天堂吧！'这样说好吗？"

我请学生一起讨论这个问题，大家在畅所欲言中，得出结论：不行，这时的孩子已经对生活绝望了，母亲一泼冷水他一定没有活下去的勇气。我接着深沉而坚定但是带着哭腔乞求道："咱们娘儿俩在一块儿，好好儿活，好好儿活……。"我的眼眶真的红了，当我把这句话读出来，全班同学静静地看着我，因为我好像真的看到病榻中自己的母亲在已经不能说话的情况下，用她那和蔼的眼睛在看着我，鼓励着我。

就在这样沉默的氛围中，我稳定了情绪说："这才是我们课文中的妈妈，伟大的妈妈。"说完了话，我默默的环视了全班，大家就那么静静地看着我，有的女同学眼圈也好了。我请同学们怀着对这位母亲的同情和敬佩，把这几句话有感情的读一读。教室里回荡着动人的朗读声。在教学中要抓住契合点激起学生的同情心，培养他们的爱心。

我问读了这篇课文后，你的感受是什么？回去可以用写，也可以用做的把自己的感受表达出来，第二天我检查这一道作业，有的用写，有一部分用做的，我问他们怎么做这一作业，他们说帮妈妈做家务，帮妈妈捶背，给下班回来的妈妈倒水，我打电话落实，发现孩子们有用心完成这个作业。

在班会上我针对这件事情再次表扬做得好的同学。我随时陪养学生的同情心，用自己的心去关爱身边的人，让学生在实践中再次强化他们的人道精神。

深层的表现激发学生的博爱情感

语文教学中很大一部分责任在于让学生学会热爱，爱天下一切美好的事物，值得爱的东西。记得瑞士教育家裴斯泰洛齐在给友人的信中写道："我生活在儿童中间，从早到晚，和他们在一起，照顾他们的生活，教育他们，鼓励他们，给他们以温暖和爱，教他们学习和劳动，增长他们的智慧和活力，教他们懂得做人的尊严，尊重自己，也尊重别人，诚实、善良、公正；同情别人的痛苦与不幸，帮助受难者。"教师应该是爱每一个学生，以自己的言传身教，让学生懂得关爱需要关爱的一切（人、动植物、山山水水）。

在一次课间休息时，我班的一位患小儿麻痹症的同学，被另一位同学撞倒了，跌在地上一时爬不起来，另外一些较调皮的孩子不但没有扶起，还在围观着看笑话。我刚走进教室，此情此景，令我非常愤怒，强忍住怒火，拨开那些孩子，把这位不幸的同学扶了起来，她抬起头看我，眼眶里噙着屈辱的泪水。

我帮她拍了拍身上的灰尘，转过身严厉地盯着那些不懂事的孩子，教室里鸦雀无声，我转过头刷刷地在黑板上写下三行字："可怜啊！我那行动不便的学生慧姗啊；可悲啊！我那心灵不健全的围观哄笑的学生；失败啊！我这个老师。"

同学们都回到座位上，看着黑板上我写的字，我气得脸上通红，在我威严痛心的目光下，刚才那些同学都低下了头，这时上课铃声响了，我就在黑板上写道："对刚才的那一幕，请写一篇作文。题目自拟。"写完后，我一声不吭地站在讲台桌旁，教室里静悄悄的，刚才那些同学脸红了，低着头拿笔作文，其中有一个同学到这位女同学那里向她道歉，其他同学也陆续向她道歉。教室的气氛慢慢的缓和下来。

紧接着下一节课是自由活动课，我就让学生做个游戏"请让我来帮助你"我让那些最调皮的学生，有的眼睛蒙住扮瞎子，有的特意把他一脚绑住，有的把他的手捆住……当一节课残疾的学生，再请其他的同学去帮助他们，通过这节课，这些学生切身体会到，残疾人的痛苦，只有苦过他人苦，才不会肆意嘲笑别人，才会设身处地为别人考虑。

作为一个老师，我要求所有的孩子都要尊重别人，希望他们时刻懂得体贴他人，善解人意，有慈悲胸怀。

其次，激发学生博爱的情感，除了要他们从小学会热爱人，也要他们爱知识，爱大自然，哪怕一草一木，告诉他们一山一水总关情。作为教师平时更要注意培养他们成为一个有责任感的人，要求学生为自己的过错负责任。

总之，在教学过程中，教师要善于抓住结合点，打动学生的心，激发学生的情，散发学生的爱，时时刻刻培养学生的人道精神。

8. 化学教学中的人道主义教育

随着经济和社会的日益发展，教育体制改革的逐步深化，素质教育也对初中化学教学提出了新的要求。课程改革以促进学生发展为宗旨，确立了知识与技能，过程与方法、情感态度与价值观三位一体的课程目标。

很久以来，我们的科学教育忽视了人文教育。随着新课程理念的逐步深入，新课程改革也越来越重视学生的情感态度和价值观的培养。

科学是把双刃剑。一方面，科学的发展促进了社会的进步。人类利用所掌握的化学知识造福了人类，提高了人们的生活水平和质量。例如，对石油、煤的综合利用。另一方面，有些科学成果不仅未为人类造福，反而给人类社会造成灾难。例如：战争中使用的化学武器，就对人类文明造成了极大的威胁。人所共知，在日本侵华战争中日本 731 部队违背国际法偷偷研制使用了大量的化学毒气致使许多无辜的中国人惨死。科学被好人所掌握那是人类的幸福，被坏人所利用，那就是人类的灾难！所以我们的化学教学应以人道主义为精神武器，抵御各方诱惑，固守科学精神。

中央电视台曾报道过大毒枭刘招华，用普通的原料提取高浓度的冰毒，令人发指。这足以告诉世人：人性一旦与科学发生背离，是多么可怕！所以呼唤学生健康的情感，重视对学生人文精神的熏陶，已势在必行。我认为，新时期的化学教育工作者应在以下几个方面重点突破。

化学教育与人道主义教育的关系

中学阶段是塑造人格的关键时期，我们要教育学生拥有浓郁的关爱生命、悲悯苍生的人道主义情感。

社会的物质文明在飞速发展，人们的价值取向也在发生巨大的变化。发生在国内的"三鹿奶粉"事件，闹得沸沸扬扬，在国内外影响极大。其根本原因就是商家利用三聚氰胺的假蛋白原理，降低成本，欺诈消费者。导致了许多婴儿中毒并患上肾结石。这一丧尽人性的行为，又一次为我们化学教育工作者敲响了警钟。

现在的学生担负着中国的未来，要培养学生的人道主义精神！要让学生牢记化学的宗旨：促进社会的进步，为人类的福利与世界的和平做出贡献！

把握好人道主义教育的手段

教育的目的是要培养全面发展的高素质人才。中国学校过多强调学生书本知识，注重学生书面应试能力，而对学生的人文教育则明显不足。一个很重要的原因就是，我们错把学习手段当成学习目的，而忽略了情感价值的培养。

教学中灌输人道主义情感，要以仁爱之心关注生活，关注生命。认识化学物质的性能、了解对人类的益处和危害，用所学的化学知识和技能提高生活质量。例如，人们已经认识到环境污染对人体健康的影响：温室效应、酸雨、光化学烟雾、臭氧空洞、赤潮现象等等。所以教师要在对学生进行化学知识教育的同时，将环保知识渗透到教学中，要让学生明白，环境保护人人有责。例如，在教学中让学生认识到：现实生活中铅的使用量严重超标。在选择儿童玩具、书本画报等商品时，色彩不要过于艳丽为好；积极参加植树造林活动，还地球山清水秀，减少温室效应；不使用含磷洗衣粉，以防水体富营养化；积极参加"为地球熄灯一小时活动"等等。让学生感受到生活处处有化学，要以仁爱精神，运用化学知识和技能，使之造福人类。

建立学生浓厚的爱国主义情感

爱国主义是中华民族的优良传统。几千年来，爱国主义精神一直是推动历史前进的巨大力量。在今天，更要对学生进行爱国主义教育。引导他们把自己的命运同国家的命运联系起来，把爱国主义情感变成刻苦学习的实际行动。

化学教材中充满了爱国主义教学的内容，从四大发明到结晶牛胰岛素的合成，从资源丰富到人才辈出。教育者应充分利用教材，并及时补充新成就，运用具体数据和生动事例来激发学生奋发向上的爱国情感。例如，指导学生观看"神七"上天的有关录像，学习"南海一号"发现和打捞的材料。真正激起他们强烈的持久的爱国情感。从而坚定他们学好化学的信心，增强他们建设社会主义强国的责任感。

蔡元培先生说"教育是帮助被教育的人，给他发展自己能力，完成他的人格，在人类文化史上尽一分子的责任；不是把被教育的人，造成一种机器。"知识经济社会要求的人才是人文素养和科学素养相结合的复合型人才。我们化学教育要充分利用化学人文教育的课程资源，完成科学素养与人文素养的融合，培养出符合时代要求的一代新人。

9. 小学爱心教育的培养指导

爱心是人性中最基础的东西，是一个人最基本的素质，是素质教育中的一个不可缺少的环节。孔子说："仁者爱人"，费尔巴哈要建立的新哲学也是以爱为基础的，他说："爱是存在的标准——真理和现实的标准，客观上如此，主观上也是如此。没有爱，也就没有真理"。然而，现今的孩子却普遍缺乏爱心，孩子集万千宠爱于一身，却不懂得对别人付出一点点爱。任性、乱发脾气、不知体贴大人、对父母长辈指来挥去等现象更是数不胜数，特别是在小学生中尤为明显。爱心是人类所不可缺少的极为重要的基本素质。从小开始培养孩子的爱心已是一件刻不容缓的事情，已成为当前教育的重要任务之一。

在大力实施素质教育的当今社会，对智育的重视大大超过对德育的重视。而且随着时代的发展变化，独生子女越来越多，独生子女在家庭中的地位十分重要，父母长辈对独生子女宠爱有加，让他们在一个被爱的环境下成长；然而，大部分家长却忽视了教会孩子如何去爱别人。由于社会环境、家庭、学校、学生自身因素等各方面的影响导致小学生缺乏爱心。小学阶段是学生人格形成的重要时期，在学校教育中灌输爱心教育对于促进学生的健康成长有着举足轻重的作用，而且也是学生素质教育的重要内容。

要培养一个好的个性品质，使他能在今后的社会实践中将这些道德认识付诸行动，最重要的教育工作就是要培养孩子的爱心，那么如何加强孩子的爱心教育呢？我们可以通过一些有益的活动融入爱心教育的各个方面，让孩子们在实践中懂得爱，学会爱。

活动一："节日教育话孝心"——培养学生孝敬父母、尊敬师长的品质。

俗话说"百善孝为先"。很简单，一个人如果连自己的父母都不关心，很难想象他会去关心别人。教会孩子热爱自己的父母，培养学生尊敬师长的情感，是小学生爱心教育的重要环节。

一些特定的节日，是对学生进行爱心教育的良好载体。适时开展一些爱心活动，更有利于帮助我们对学生进行孝敬父母，尊敬师长的爱心培养。母亲节、父亲节，做一件关心父母的小事。吃饭请父母先动筷；父母下班回家送上一杯水或递上一双拖鞋；当父母长辈休息时，就要踮起脚尖轻轻走路，以免吵醒他们。"三八"妇女节，对妈妈说一句爱的话语，唱一支爱的歌曲。教师节，为老师送上一张自制的精美贺卡、小礼物；重阳节，为爷爷奶奶送上一块热腾腾的"重阳糕"，祝福他们生活节节高，身体一年比一年更健康。每一个节日都传递出一个爱的祝愿，每一次爱心涌动都是一次最好的爱的教育。

活动二："小对联送大祝福"——培养学生关爱弱小的品质。

在我们的身边总会有一些弱势群体，他们需要关注，更需要关爱。做一些力所能及的小事，去关心老人，爱护弟妹是爱心传送的最佳方法。

新春佳节，一群有书法特长的孩子集聚一堂，自愿组成了一个"小书法家爱心团"。他们拿起手中的毛笔，挥毫写下一幅幅精美的对联，亲自到社区的军烈属、孤老、残疾人家中送上一幅幅新春对联。礼轻情意重，孩子们用自己的方式为他们身边的弱势群体送去一份最真挚的祝福，送去一颗最朴实爱心。

活动三："爱心义卖送温暖"——培养学生帮助别人的品质。

互助是人类生活最重要的条件。一个具有爱心的人起码要有帮助他人的精神和行动，这也是做人的基础和我们的社会与人类得到完美发展的必要条件。

雪在手中融化，爱在心中传递。一方有难，八方支援。在我们共同努力，省下一点钱，伸出一双手，尽上一份力，捧上一颗心，为灾区人民，送去学校师生和家长的深情祝福。

活动旨在帮助学生建立起乐于助人的概念，告诉学生帮助别人快乐自己也快乐的道理。然而，我们的教育的目的不是让学生简单认为世界上的人都在互相帮助，互相关心，爱心升华远远不是这样。所以，还应当培养学生们的思考和判断力，教会学生帮助别人时要量力而行。在生活中，孩子们学会了如何帮助别人。当他们看到老人上下楼梯不便时，主动让步并携扶老人；当乘公交见有抱婴者或老人时，主动让座位给他们；当同学有困难时主动给予帮助。但绝对不能让小学生帮助他人去干坏事。

另外，作为教师更应主动关心和帮助有困难的学生，注意自己的言行举止，做到言传身教，给学生潜移默化的影响和熏陶，成为学生助人为乐的榜样。让他们从帮助别人中得到了更多的快乐！

活动四："真情连接你我他"——培养学生与他人分享、合作的品质。

分享合作行为是学生亲近社会行为的一种表现。学生是否具有分享行为，反映出他是否有关心他人的情感，是否具有同情心和乐于助人的爱心。作为教师，应重视对学生分享行为的培养，提高学生"情感智商"的素质。

可以以小队为单位，集体策划一些为军烈属、困难家庭、敬老院、福利院、残疾人等弱势群体进行新春大拜年的活动——即"真情连接你我他"小队爱心大拜年活动。

孩子们在"真情连接你我他"小队爱心大拜年的活动中，合作完成拜年任务，真正感受到人多力量大，人多智慧多，通过种种形式的拜年行动让学生明白与他人分享的意义，让学生感受与他人分享的快乐。

"爱"是人类社会一个不可缺少而又举足轻重的因素。对于学生，我们不但要为他们创设一个被爱的环境，更重要的是要让他们学会如何去爱别人。只有在"爱"与"被爱"的双重环境下，我们的下一代才可能健康地成长起来。因此，教师在给予学生爱的同时，也要不失时机地对他们进行"爱心教育"，努力让学生的个性品质得到全面的发展，从而使我们的下一代拥有一个更加光明、辉煌的未来！

面对一群有情感有活力的学生，只有洒下爱，才可获取爱的回报。知识是冷冰冰的，只有经过老师心灵的加温，才能使学生快乐地接受。俗话说：良言一句三冬暖，恶言伤人六月寒，不能急于求成，揠苗助长，把爱简单地理解为"打是亲，骂是爱，不打不骂不成才"，总是认为把知识传授给学生就是爱。我们必须营造彼此沟通心心相印的氛围，多看到学生的闪光处；多与学生交流，从做人求知等方面予以关照，就如马卡边柯所说："如果有人问我你怎样能够以简单的公式概括你的教育经验的本领时，我就回答说：要尽量多地要求一个人，也要尽可能地尊重一个人。"我们可以把爱心教育延伸到课外，植根于生活中。

大海靠一滴滴水汇集而成，爱的殿堂靠一沙一石来构建。自小给予孩子同情心和怜悯心的情感，是在他们身上培植善良之心。仁爱之情是首先要做的事情。儿童最初的同情心和怜悯心是成人同情心和怜悯之心的反映，所以，我们同情别人的困难、痛苦的言行会深深打动儿童的心灵，感染和唤起孩子对别人的关心。在班队会上，让学生联系到生活实际，想想在公共汽车上，是否会主动让座？邻居阿婆年老生病，能否主动去探望问候，帮阿婆做事。新闻报道有人缺钱做手术，生命垂危，我们是否能捐零花钱，献上一份爱心？……让学生说说如何献爱心，学会同情、关心别人。

其实经常让孩子看到大人是怎么同情、关心、帮助别人的，对于培养孩子善良品质是最好不过的了。同情和怜悯实质是把自己的

34

疼痛和难受扩大到别人身上的结果。因而经常让儿童把自己痛苦状态时的感受与别人在同样情境下的体验加以对比，体会别人的心情，可以使儿童学会理解别人，学会移情。

要引导孩子成为富有爱心的人，我们首先要保证自己有一颗仁慈的心。生活是最好的课堂，学生通过模仿和体验，潜移默化的影响，慢慢地也会获得爱心。亲爱的朋友们，大家应该不会忘记2008年5月12日，在我们中国的四川省，一场强烈的地震发生了……瞬间，地面裂了，房屋塌了，暴雨下了，山石滚落了……转眼间，很多人就被压在了倒塌的房子里，再也不能站起来……在这困难时刻，是我们带着孩子们一起伸出援手，用爱心、用热忱、用自己的实际行动为灾区的孩子奉献一份爱心，一起为灾区人民渡过难关，贡献绵薄之力！是我们一起和孩子用小小的手捧出一颗颗充满爱的心！少喝一杯奶、少吃一块糖，少买一袋零食，哪怕只捐一元钱，只要我们献出一份爱心，就能帮助和鼓励灾区的人民有饭吃、有衣穿，让学生早日回到学校。众人拾柴火焰高，能力不分大小，捐款不分多少，善举不分先后，贵在有份爱心！一份爱心一份希望，一份爱心一份力量！我们已经通过不同的方式捐过款，我们已经让我们幸福生活着的孩子们懂得感恩、懂得珍惜，懂得帮助他人、关怀他人，亲身感受和体验什么叫捐款、什么叫哀悼，将"爱"的种子培育。这就是我们把课堂延伸到现实生活中。

一点一滴的培养，一言一行的引导，仁慈博大的爱心、人道主义的道德，就会在孩子心头扎下根，就会随着孩子的成长而不断扩展和升腾。相信通过我们的努力，一定能使下一代具有爱心的良心品质！

10. 中学语文教学中"五心"教育指导

语文教学是一门融合思想性、趣味性、知识性、艺术性为一体的工具学科。中学语文教学大纲明确指出："语文学科对提高学生思想道德素质和科学文化素质、培养有理想、有文化、有纪律的社会主义公民，具有重要意义。"古人云："文以载道"。这不仅说明了语文学科具有工具性，有强烈的艺术性，它还是德育因素最丰富的基础工具学科。那么，在语文教学的过程中，如何运用这一工具去引导学生理解学习的内容，汲取文中营养，培养"四有"新人，就是我们语文教师的责任。尤其是目前在我市中小学生中轰轰烈烈地开展的"五心"教育活动怎样在语文课堂上充分体现出来，更是我们应该认真研究的课题。"五心"教育的核心是情感教育，语文教师的责任就是要以此为契机，"动之以情，晓之以理"，通过语文课堂的教学，完成"五心"教育的任务。"五心"即衷心献给祖国，爱心献给社会，关心献给他人，孝心献给父母，信心想给自己。

选准最佳结合点，潜移默化

语文教材内容广泛，较其他学科相比，进行思想教育具有得天独厚的条件。那些情文并茂的文字无不具有强烈的艺术感染力。

"五心"教育在语文教学中的体现即是情感的渗透、语言的感染，是师生感情的交流。现行的中学语文教材中古今中外的许多优秀作品无不从不同的侧面、不同的角度，反映了不同时代、不同国度的人民的生活情景、斗争业绩，字里行间洋溢着高尚的道德情操、朴实无华的生活态度、平凡而伟大的人生道路，这些都是我们进行"五心"教育的极好教材。语文教学要紧紧把握住作品的时代脉搏及其所具有的一定的现实意义，有的放矢地对学生进行多方面、多层次、多角度的教育，激发学生内在的情感，与作品产生共鸣，"五心"教育即会收到良好的效果。

对学生进行思想素质教育不要只局限在宏篇大论或典型形象上，更重要的是要通过平凡的话语、朴素的感情、真实的事件中所体现出来的深刻的内涵，去进行入情入理的渗透。教学中要认真寻找最佳结合点和具有丰富内涵的知识点，使之附着有物，"牵一发而动全身"。

如在讲解《冯婉贞》一文时，要紧紧抓住她的"情、谋、志、智"四方面的特点分析人物形象，分析其爱国主义的思想感情。她的"吾村将齑粉乎"的"戚然"这情；"莫如以吾所长攻敌所短"之谋；"吾必尽吾力以拯吾村"之志；"急逐弗失"之智，无不是中国人民近代抗暴斗争的光辉写照，会强烈地感染着学生，使他们看到我们中华民族自强不息的斗争精神，唤起他们热爱祖国的感情。那美好的形象、美好的心灵，朴实的语言，果敢的行动将潜移默化为动力，成为鼓舞学生为中华民族富强而奋发学习的力量。

"榜样的力量是无穷的"，我们大家都很熟悉的优秀短篇小说《七根火柴》中的"无名战士"在牺牲前"用尽所有的力气举起手来，直指向正北方"的舍生忘死的高大形象，深深地印在我们的脑海中，他一心想着战友，一心想着部队的舍己为人的精神不正是共产主义精神的写照吗？当同学们读到："那同志一只手抖抖索索地打开纸包，那是一个党证，揭开党证，里面并排着一堆火柴，象一簇火焰在跳起。"无不更加庄严肃穆，更加感动，这哪里是火柴，这分明是一个红军战士对党的事业无限忠诚的红心啊！这爱心聚集在无名战士在生命最后时刻与死神搏斗中，这爱心体现在无名战士对战友对部队的深情厚谊之中，这不是最诚挚的爱的奉献吗？巴尔扎克说："感情是一种熏陶的力量"，无名战士的高大形象与同学们的思想感情产生共鸣，即产生了意想不到的教育效果。同学们从《七根

37

火柴》的特殊的爱的氛围中得到了启发，认定了自己学习的目标，把握了做人的方向。

"五心"教育的社会意义是广泛的，它是提高人们的社会主义道德风尚的突破口，是加强社会主义精神文明建设的重要组成部分，是社会稳定团结的根本需要。语文课堂教育便是其中最有利的渠道。《中国石拱桥》一文"赵州桥高度的技术水平和不朽的艺术价值充分显示了我国劳动人民的智慧和力量"，"早在十三世纪，卢沟桥就闻名世界，那时有个意大利人马可·波罗来过中国，他在游记里十分推崇这座桥，说它是世界上独一无二的"。

这些朴实的叙述从不同的角度反映了我国石拱桥的悠久历史与灿烂文化，说明了具有五千年文明史的中华民族是值得骄傲的民族。这些我国古代劳动人民留下的宏伟建筑不正是中华民族自强自立精神的光辉写照吗？作为现代的青年学生，应当为我们祖国古老的文明而自豪。语文教师要以此为突破口教育学生从祖国五千年文明史中挖掘宝贵的民族精神，以石拱桥、长城、运河等举世闻名的建筑中去浇筑坚强的民族意识，使学生从小树立民族自豪感，增强对祖国前途的坚定信念。

联系学生实际，有的放矢

我们这一代所面临的是一条曲折而艰辛的探索之路，将要遇到激烈而残酷的社会竞争，语文教师的责任就是要以语文教学这块阵地来培养我们的学生的创造精神、适应能力、热情精神、健康的心理、高尚的情操，以适应未来世界的需要。

在课堂教育的过程中，首先是要确立明确的教学目的，它是达到理想教育的指导思想，是对学生进行思想道德素质教育的关键。要了解作者的写作意图，把握作品的时代脉搏，确立明确的教育主导思想，这样，就会使作品中所洋溢的感情适应当今的现实，使学生与作品中的感情产生共鸣。《驿路梨花》写于1977年党中央重提

"向雷锋学习"之时，经历了十年浩劫后的祖国社会主义道德风尚"被四人帮"破坏无遗，为了帮助青少年健康成长，当时，党中央重提这一题词是很有必要的，是非常及时的。

雷锋精神不是凭空产生的，而是与我们中华民族的优良传统以及我们今天开展的"五心"教育活动有密切的联系，在确立其教学目的时要紧紧抓住雷锋精神的实质"毫不利己，专门利人"，来教育我们的学生如何去实践人生的价值。"梨花"是云南边境地区一位哈尼族小姑娘，他和他的伙伴把在深山建筑茅屋、方便过往旅客当做他们义不容辞的义务。教师在讲授这课时要围绕作品中"七次"写"梨花们"的助人为乐，引导学生把握作品的深刻思想性，体会其作品的艺术性。

作品细致地表现了小茅屋作为时代精神的产物，给予人们的方便与温暖，展现了雷锋精神经久不衰的生机和世代相传的过程，他即是显现"梨花们"朴素美好的心灵，更是他们向社会奉献爱心、关心别人比关心自己为重的最好的见证。列宁说："没有人的情感，就从来也不能有人对真理的追求。"正是由于文中"梨花们"无私奉献的精神感染了学生，他们才会产生向梨花学习的良好愿望，教师抓住这良好的契机，让同学们去体会什么是真正的爱心，怎样去关心别人，让同学们懂得"你若要喜爱你自己的价值，就得给世界创造价值。"（歌德）当你坐在课堂上幸福快乐的学习时，你是否意识到你是生活在幸福之中，那么"希望工程"与你无关吗？当班级同学们经常为学校做贡献时，你是否觉得你应该做点什么？这些看似平常的小事是和雷锋精神紧密相连的，是同中华民族的传统美德相连的，这也是人类社会能够和谐美好之所在。

我们的语文教学就是要通过这些活生生的榜样给学生以潜移默化的影响，对学生进行良好的品行教育，无论是在长征途中的无名战士，还是边寨小村的梨花姑娘，也无论是六十年代的雷锋，还是改革大潮中的徐洪刚，他们的助人为乐、勇于奉献的精神，永远是我们语文教学中"五心"教育的典型。我们中华民族是一个具有五千年文明史的古老而新兴的社会主义国家，在这个年青的共和国里，"我为人人，人人为我"曾为时尚，雷锋、徐洪刚等英雄形象已成为我们学习的楷模，但当改革大潮汹涌扑向国人脚下，也曾出现了些不尽人意的事情，而"五心"教育正如一场拯救中华民族精神危机的及时雨，滋润着久旱的干田，"关心献给他人"、"爱心献给社会"则又是最好的体现，这种情感的力量是我们语文教学进行思想教育的动力，任何文学作品都渗透着感情，它是文学的主要内容，也是形象的生命。

对学生来说，首先是文学作品的形象感染了他，在情感上产生共鸣，然后才接受和理解其中思想、学习其榜样，并以此做人、从事。教师在引导学生感受作品的艺术美之时，还要使其自觉地接受作品中的美丑、善恶、是非，这样也就会从作品中汲取营养，产生爱心，才会使其心理感受健康和谐。

注重情感体验，以情理动人

现在的中学生是跨世纪的一代，是继往开来的主力军，如何通过语文课教学去开启学生们的心灵是我们语文教师应努力把握的中心环节。

教师在教学的过程中首先要着眼于思想素质的教育，然后才是语文知识的融汇贯通。苏霍姆林斯基曾说过："让自己体验到一种自己亲身参与掌握知识的情感乃是唤起青少年特有的对知识的兴趣的重要条件。"朱德同志的《回忆我的母亲》对学生产生了较强烈的感染力量，朱总司令的孝悌美德直接影响了学生，他以朴实无华的语言为我们描绘了一位平凡而普通的母亲的形象，唱出了一曲发自肺腑的对千千万万伟大的劳动妇女的深情颂歌，为后人孝敬父母、尊敬人民做出光辉的榜样。作品中淡淡的记叙、朴实的话语、诚恳的报答、深情的思念，朴实无华、催人泪下，那声声激情感人的倾吐真使教者感动，读者动心，这怀念的深情，这崇高的境界，处处感染着读者——我们的学生，抓住学生热爱母亲的纯朴心灵与作品中的形象沟通就会产生感人的力量。在朱太夫人的淳朴身影中，同学们仿佛看到了自己母亲的辛劳，仿佛听到了母亲那慈祥的教导。那么"母亲不爱吃鱼"、"妈妈爱吃鱼头"就只不过是个美丽的童话。

有谁不曾有过这样的感受：母亲病了，照样起早做饭，照样最后一个上床休息，照样叮咛孩子天冷多穿衣服。母亲是孩子们的守护神，不孝敬母亲就是亵渎了神灵，不孝敬父母，怎样会关心别人，不尊敬父母，怎么去爱祖国、爱人民。朱总的光辉榜样为同学们所折服，把"我将继续尽忠于我们的民族和人民、尽忠于我们民族和人民的希望——中国共产党，使和母亲同样生活着的人能快乐的生活"，为自己的座右铭鞭策自己，效忠于祖国，尽忠于人民。

从心理学的角度看，中学生的内心世界也是一刻都不会平静的，他们渴望丰富的情感体验、强烈的感情共鸣、适时的情感宣泄，以满足他们树立信心、摆脱逆境、显示才华的心理需求。

语文课文的大量情理兼备的好作品正是我们教师调动学生学习热情、帮助学生完成自我、树立坚定信念的最好教材。化学家诺贝尔在一声巨响后的浓雾中带着满身鲜血高声狂呼："成功了"！是多么鼓舞人心的战斗者的忘我精神、百折不回的奋斗精神，而信心，则是其力量的源泉，有了坚定的信念，才会产生坚实的行动，才会浇灌出理想的花朵。《理想的阶梯》、《畏缩错误就是毁灭进步》、《说谦虚》、《谈骨气》等许多优秀篇目中的富有哲理性的论述，无一不是我们对学生进行"五心"教育的极好材料。在教授这些课文时，要让学生自己充分展开思维，去寻找课文中感受最深的内容，体会其深刻的内涵，让学生充分理解："时间是组成生命的材料"、

"谦受益，满招损"、"富贵不能淫，贫贱不能移，威武不能屈"的古言名训；让其感受到："畏惧错误就是毁灭进步"；去体会"理想的阶梯属于刻苦勤奋的人，属于珍惜时间的人，属于迎难而上的人。"使学生们通过这样的学习认识到："生活就像海洋，只有意志坚强的人，才能达到理想的彼岸。"

语文教材中所体现出来的古今中外的许多优秀作品无不是作者有所感而发，有所感而做，他们经历了人间的悲欢离合，目睹了国家的兴衰动乱，对社会对生活有着深刻的体验与感受，他们的创作冲动正是我们对学生进行思想教育、艺术熏陶的极好内容。

《最后一课》那生动细腻的描写感人肺腑、催人泪下。课文中小主人公小弗朗士得知是最后法语一课时思想感情的急剧变化；他回答问题时的复杂心理活动；暗下决心学好自己祖国语言的决心；还有教室里环境气氛的渲染，课堂后面所有镇上来听课的人们的神志的描写；韩麦尔先生的庄重的服饰之细节等，从不同侧面反映了法国人民在即将失去自己祖国语言时的悲痛之情。

尤其是"祈祷的钟声响了"之后，韩麦尔先生悲愤的形象描绘——"用尽全力在黑板上书写'法兰西万岁'！"；他惨白的脸色，打着手势——散学了，你们走吧！"这"此处无声胜有声"的艺术效果强烈地感染了每个学生，在这种爱国主义的气氛中得到教益、受到启迪，当自己的母亲被别人漫骂时你却无力去帮助，你的心理会平静吗？当外国侵略者霸占了你的家园，进行奴化教育之时，你还会平静吗？小弗朗士正在经受着这样的灾难。我们祖国从三十年代开始不也是饱受日本帝国主义铁蹄的蹂躏达十四年之久吗，通过本课的学习同学们还会对国事漠不关心吗？还会去追随那崇洋媚外的出国热潮吗？这样的课堂气氛是严肃的，同学们的感受也是强烈的，这种爱国主义的情绪就会如"一粒种子以强烈的暴发力破土而出"，它的芳香就会和民族精神融为一体，长久地滋润大地。那么爱国主义的思想感情将会牢牢地扎根于他们的心灵。

"五心"教育是一项长期的教育活动,他也必将贯穿于整个语文教学的过程之中,它是一种潜移默化而又实实在在的教育、影响。在今后的语文教学活动中要把"五心"教育放在首位,使"五心"教育与社会实际需要接轨,使我们的下一代成为适应二十一世纪需要的全面发展的人才。

11. 大学人道精神的培养指导

19岁的姑娘,刚刚高三毕业的徐红,挂着泪说:今年高考考了559分,上了重点本科线,可是大学拒绝录取她,"因为我脸上有个疤。"

作为生命科学范畴的医科大学,除应具备普通大学的大学精神之外,还应该具备人道精神。因为,从这种特别高等学府里走出去的受教育者,都是面对急需呵护的弱者,都是急需拯救的濒危生命,则就需要学生们首先具有自发而强烈的、救死扶伤的人道主义意识,而这种意识的形成,其责任,必然就落在学校及其教育者的肩上。

那么,像徐红这样,她本身就是疾病的直接受害者,就需要学校给予人道主义关怀,这正是医科大学精神的直接体现。何况,说人道关怀,也不是违背地搞照顾——徐红的成绩跨线几十分、身体符合政策规定呢!

诚然,因脸带疤拒绝录取,暴露了学校"以貌取人"的畸形招生观念和办学观念。这还不仅是社会歧视现象在高校领域内的"回光返照",更是大学精神的明显沦丧。可以说:这种担负着培养与张扬人道精神之责的医科大学,其实自身"脸"上就带着玷污高校风尚、褒渎医学精神的"精神疤痕"。

只有高校才最为浓厚的人文精神,只有医学专业高校才独有的人道精神，需要强化而不时弱化，需要弘扬而不是消灭。医科大学生将面对的是老弱病残等弱势群体，将担负的是救死扶伤的神圣责任，将必须体现的是人道主义精神。如果，他们在学校受到的是"非人道"式的教育，所感受到的是"非人道"的氛围影响，则无论他们学业怎样好，那仍是失败的。因而，像某医科大学那样拒绝录取符合条件仅带疤痕的学生，其后果是，既直接伤害了弱者的，更将对其他医科大学生的人道主义精神带来不可估量的"消减"恶果，则缺乏人道精神的未来医生、医学家，对于患者和社会来说是可怕的——而今存在的医生对患者无端歧视、见死不救的冷漠、敲诈患者钱财、甚至把手术刀变成"杀人刀"等现象，正缘于人道的缺失！

第二章

学生人道素质教育的故事推荐

1. 燕子和杜鹃

在一个美丽的日子里，燕子衔来树枝和泥土筑了一个又暖和、又结实的窝，因为她就要做妈妈了。

杜鹃也要做妈妈了，可她什么也不准备，每天飞来飞去地看谁的窝筑得好。她看到森林里数燕子的窝筑得最好，便向燕子的窝飞去。

"你好啊，燕子!"杜鹃做出十分亲热的样子。燕子也不好意思拒绝杜鹃。她走出窝来，请杜鹃进去了。

杜鹃学着燕子孵蛋的样子，蹲下身子，说："多么舒服啊!让我多待一会儿。"过了好一会儿，杜鹃从窝里走出来。

燕子接着孵蛋，但她没有发现，在她翅膀下面多了一个杜鹃蛋。

孵蛋的日子过得真慢啊!燕子耐心地等着。终于，燕子翅膀底下有啄蛋壳的声音了。

燕子把那只破壳的蛋移到面前，一看，小鸟的脑袋伸了出来。燕子妈妈高兴极了，帮助小鸟出了蛋壳。她慈爱地看着她的第一个孩子，用嘴梳理着他又湿又乱的羽毛。

这只小鸟的个儿比一般刚出壳的小鸟要大得多。燕子妈妈只顾高兴，根本没注意到那是只小杜鹃。

过了几天，另外 3 只蛋也破壳了。那只个头儿大的鸟胃口特别好，他总是吃不饱。燕子妈妈宁愿自己挨饿，也要把食物给小杜鹃和自己的孩子们吃。她把所有的爱都给了孩子们。

就这样，在燕子的精心照料下，孩子们一天天长大了，他们可以自己觅食了。而这时，燕子妈妈已经动不了了。但孩子们很孝顺，尤其是小杜鹃，每天总是把食物给燕子妈妈送过来。而那只杜鹃妈妈呢？却因为没有食物饿死了。

2．快乐的小棕熊

棕熊妈妈有一个可爱的小棕熊宝宝。小棕熊已经有半岁了，是个又乖巧又调皮的孩子。

棕熊妈妈每天都带着小棕熊去抓鱼。妈妈捉的鱼又多又好。

熊妈妈捉鱼时，小棕熊就在河边玩儿。

熊妈妈常常说："乖宝宝，你也学着捉一条鱼吧！""不嘛，不嘛！妈妈捉得快！还是妈妈捉！"每一次，小棕熊都这样回答。

这一天，熊妈妈像往常一样，跳到河里捉鱼。可是，她显得有气无力的样子。好几次，眼看着鱼儿从她身边游过，就是抓不着。小熊急得在岸上又跳又叫："妈妈，鱼来啦，快抓呀！"从日出到日落，熊妈妈连一条鱼也没抓着。

一连几天都是这样，熊妈妈饿得走不动了。小棕熊想：妈妈病了，再不吃东西，身体会受不了的。于是，小棕熊拎起小桶直奔河边。像熊妈妈那样，他跳下河，拍打着水面。一条鱼儿游过来了，小棕熊猛地一抓，鱼被牢牢地抓住了。就这样，小棕熊抓了一条又一条。一会儿，小桶就装满了。

小棕熊拎起桶，高高兴兴地回家了。他把鱼做好了给妈妈吃，妈妈的病很快就好了。从那以后，小棕熊依然天天跟妈妈一起去抓鱼，但他不舍得让妈妈下水，每次都是他抓鱼，棕熊妈妈在岸上等着。

可爱的小棕熊已经长大了，他把妈妈照顾得很好。他可真是个孝顺的好孩子。

47

3. 乌鸦反哺

很早以前，有一个孩子不孝敬爹娘，爹娘没有办法，只好找孩子的舅舅诉苦。孩子的舅舅是个放羊倌，每天在山坡上放羊。他虽然没有文化，但对教育子女却很有一套。他对孩子的爹娘说："把外甥交给我吧，过一段时间他就会回心转意，成为孝敬父母的好孩子。"

第二天，孩子的爹娘把孩子送到了舅舅家。舅舅见了外甥，既不骂，也不打，二话没说，把一根放羊鞭递给了外甥。

6月的一个晌午，太阳像火球一样烤着山坡，鸟儿都藏在树荫里不出来了。舅舅也把外甥带到一棵大树下乘凉。

这时，有几只小乌鸦在炎热的太阳下飞来飞去。外甥好奇地问舅舅："这几只小乌鸦不怕热吗？它们不停地飞来飞去忙什么呢？"

舅舅指了指大树上的鸟窝说："我猜想鸟窝里有一只老得飞不动了的乌鸦，正仰着头，张着嘴，等着小乌鸦一口一口地喂食呢！要是没有这些懂事的小乌鸦喂它，它会饿死的。乌鸦自从生育了子女，每天早出晚归，辛苦地觅食喂养自己的子女。在老乌鸦年迈到无法出去觅食的时候，它的子女便会出去寻找可口的食物孝敬老乌鸦，照顾老乌鸦，并且从不感到厌烦，直至老乌鸦自然死亡，这就叫'乌鸦反哺'！"

外甥一边听，一边默默地低下了头。停了一会儿，舅舅又说："乌鸦还知道反哺，人难道就不知道孝敬自己的父母吗？"

外甥听了舅舅的一席话，懊悔地哭了……从那以后，外甥成了一个远近闻名的大孝子！

4. 颍考叔劝君孝母

颍考叔是春秋时期郑国的一名官吏，他以孝而闻名于天下。

当时，郑国国君郑庄公的母亲和弟弟串通，里应外合，意图谋反。郑庄公得知这一消息后，很快平息了叛乱。他一怒之下，把母亲软禁了起来，并发誓说："不到死后埋入黄泉，绝不相见！"

颍考叔觉得庄公身为国君，如此处理母子关系，会给全国百姓带来不好的影响，于是决定去劝谏庄公改变初衷。

庄公接见颍考叔时，赐给他酒食。颍考叔却把一些美味的肉食放在一边，舍不得吃。庄公很好奇，问他为什么不吃。颍考叔回答说："微臣家有老母，她从来没有吃过国君赐的美食，所以想带些回去，让她老人家尝一尝。"

庄公听后，动情地说："你没有美食，可以带回去送给母亲吃；我虽有美食，却因有誓言在先而不能送！"

颍考叔听后，说："无妨，只要挖一条隧道通向地下的泉水，这样你们母子就可在地下的水边相见了！"

庄公采纳了他的建议，立即命人挖掘地道，并派人将母亲请到地道中相见。从此，母子二人和好如初。

5. 田世国为母捐肾

2004年9月30日，上海复旦大学附属中山医院给一对母子做了一个非常特殊的手术：医生先从年仅38岁的儿子身上摘取了一个鲜活的肾脏，然后移植到身患绝症、年过花甲的母亲体内。

这个令人称颂的孝子叫田世国，是广州国政律师事务所的一名律师。

2004年3月26日，田世国接完弟弟打来的电话后脸色大变。在妻子的追问下，他哽咽着说："妈被确诊为尿毒症，已经到了晚期！"

当天晚上，田世国赶往枣庄直奔医院。医生对他说："尿毒症患者主要靠血液透析或换肾来维持生命，但肾源不好找。"田世国思来想去，最后，他决定给母亲进行肾移植手术。

上海复旦大学附属中山医院泌尿外科主任朱同玉教授深有感触地对田世国说："我从事肾移植手术多年，常见的活体肾移植主要是父母捐给孩子，而小辈捐肾给长辈的，我从没见过，像你这样主动要求给母亲移植肾的，就在国内也绝无仅有。"他还特别告诉田世国，捐一个肾脏虽然对今后的日常生活不会产生太大影响，可是一旦唯一的肾脏受到损害，就会危及生命，所以要慎重抉择。

田世国坚定地说："我妈操劳一生，到该享福的时候却患了重病，我一定要救她！"

9月30日早上7：00手术开始了，母子俩一个在楼上，一个在楼下，同时进行手术。手术一直持续到下午13：50，做得十分成功。田世国的母亲刚被推出手术室，儿子的肾便开始在她体内正常工作了。

手术后，换肾成功的母亲回到枣庄老家，她一进家门便高兴地说："想不到我又活着回来了！"

6. 一碗牛肉面

读大学的那几年，为了磨炼一下自己，我一直在姨妈的饭店里打工。

那是一个春寒料峭的黄昏，饭店里来了一对特别的父子。说他们特别，是因为那个父亲是个盲人。他身边的男孩小心地搀扶着他。那男孩衣着朴素的近乎寒酸，身上却有着一份沉静的书生气。男孩把老人搀到一张离我的收银台很近的桌子旁边坐下。

"爸，您先坐着，我去开票。"说着，他放下手中的东西，来到我的面前。

"两碗牛肉面。"他大声地说。我正要低头开票，他忽然又面带窘迫地朝我用力摆手。我诧异地抬起头，他用手指着我身后的价目表告诉我，要一碗牛肉面，一碗葱油面。我先是一怔，接着便明白了他的用意，他叫两碗牛肉面是说给他父亲听的。我会意地冲他一笑，开出了票。他的脸上顿时露出感激的神色。

厨房很快就端来了两碗热气腾腾的面。男孩小心地把那碗牛肉面移到他父亲的面前，细心地招呼着："爸，面来了，您小心烫。"自己则端过了那碗葱油面。

老人却并不急着吃面，只是摸摸索索地用筷子在碗里探来探去，好不容易夹住了一块牛肉就忙不迭地用手去摸儿子的碗，把肉往儿子碗里夹。

"吃，你多吃点。"老人一双眼睛虽然无神，脸上的皱纹间却满是温和的笑容。让我感到奇怪的是，那个男孩并不阻止父亲的行为，而是默不做声地接受了父亲夹来的肉片，然后再悄无声息地把肉片夹回到父亲的碗中。

"这个饭店真厚道，面条里有这么多肉。"老人心满意足地感叹着。那个男孩这时趁机接话，说："爸，你也快吃吧，我的碗里都装不下了。""好，好，你也快吃。"老人终于低下了头，夹起了一片牛肉，放进嘴里慢慢咀嚼起来。男孩微微一笑，这才张口吃他那碗只有几点油星的面。

姨妈不知什么时候也站到了我的身边，静静地望着这对父子。这时厨房的小张端来了一盘干切牛肉，姨妈努嘴示意，让小张把盘子放在那对父子的桌子上。

那个男孩抬头看了一下，见自己这一桌并无其他顾客，忙轻声提醒："你放错了吧？我们没有叫牛肉。"

姨妈走了过去："没错，今天是我们店开业一周年庆典，牛肉是我们赠送的。"

男孩笑了笑，不再发出疑问了。他又夹了几片牛肉放进父亲的碗中，然后把剩下的都放入一个装着馒头的塑料袋中。

这时进来了一群附近工地上的建筑工人，店堂里顿时热闹起来。等我们忙着招呼完那批客人时，才发现男孩和他的父亲已经吃完面走了。

小张去那张桌收拾碗时，发现在男孩的碗下压着几张纸币，那几张钱虽然破旧，却叠得平平整整，一共是 6 元钱，正好是我们价目表上一盘干切牛肉的价钱。一时间，所有的人都说不出话来。

很多年过去了，我一直不曾忘记那对父子相濡以沫的一幕，不知他们如今可好。想来那样的儿子一定能为父亲和自己营造出一份温馨和安逸。对这一点，我深信不疑。

7. 继父节

每当母亲节或父亲节的时候，它会使我想到我们国家还缺少一个节日——继父节。

如果任何一个人都应该有自己的节日，那么继父节应该是那些他们的爱心和谨慎，在一个重建的家庭里建立起自己位置的勇敢心灵的节日。这就是我们家里为什么会有一个我们称之为"鲍伯的节日"的原因。这是我们自己的继父节的版本，是根据继父鲍伯的名字命名的。下面是我们的继父节的由来。

当时，鲍伯刚进入我们的家庭。

"你知道，如果你做了伤害我母亲的事情，我会让你住到医院里去的。"正在上大学的男孩说，他比他的继父要魁梧得多。

"我会记住的。"鲍伯说。

"你不要告诉我我该怎么做，"正在上中学的男孩说，"你不是我的父亲。"

"我会记住的。"鲍伯说。

正在上大学的男孩打电话回家。他的汽车在离家 45 英里的地方抛锚了。

"我马上就到。"鲍伯说。

副校长打电话到家里来。正在上中学的男孩在学校打架了。

"我立刻就去。"鲍伯说。

"噢，我需要一条领带与这件衬衫相配。"正在上大学的男孩说。

"从我的衣柜里挑一条吧。"鲍伯说。

"你必须穿个耳眼。"正在上中学的男孩说。

"我会考虑的。"鲍伯说。

"你必须停止在餐桌上打嗝。"男孩说。

"我会尽力的。"鲍伯说。

"你认为我昨天晚上的约会怎么样?"正在上大学的男孩问。

"我的意见对你有什么影响吗?"鲍伯问。

"是的。"男孩说。

"我必须跟你谈谈。"正在上中学的男孩说。

"我必须跟你谈谈。"鲍伯说。

"我们应该有一段继父和继子之间的共同经历。"正在上大学的男孩说。

"做什么?"鲍伯问。

"给我的汽车换油。"男孩说。

53

"我知道了。"鲍伯说。

"我们应该有一段继父和继子之间的共同经历。"正在上中学的男孩说。

"做什么?"鲍伯问。

"开车送我去看电影。"男孩说。

"我知道了。"鲍伯说。

"如果你喝了酒,不要开车,打电话给我。"鲍伯说。

"谢谢!"正在上大学的男孩说。

"如果你喝了酒,不要开车,打电话给我。"正在上大学的男孩说。

"谢谢!"鲍伯说。

"我必须在什么时间回家?"正在上中学的男孩问。

"11点半。"鲍伯说。

"好的。"男孩说。

"不要做伤害他的事情,"正在上大学的男孩对我说,"我们需要他。"

"我会记住的。"我说。

这就是我们的鲍伯节的由来。

男孩子们为他们的继父买了一件他们能够一起玩的新玩具。鲍伯能够赢得孩子们的尊重,对我们全家人来说都是一件值得庆幸的事,他似乎一直都在我们背后支持着我们。

8. 礼物

他推着那辆崭新的"安琪儿"慢慢走着,想起女儿看到这辆自行车时将有的欢呼雀跃,他不由自主地笑了。他知道一辆自行车对女儿的意义。

女儿很不幸，他总是这么认为。在她最需要母爱的时候，却失去了母亲。那时，他就暗暗发誓，今后，他会将他此生所有的爱都交给女儿，女儿将是他的唯一，将会是他所有的财富，他定会让女儿享受到别人所能享受的全部。

他只是一家小工厂的小工人，每月那点可怜的收入除了父女俩的生活费后所剩无几。别的孩子一年四季总有新衣服穿，女儿却一年到头总穿着那件洗得发白了的校服；别的孩子可将大把大把的钱扔进电子游戏室，而女儿仅有的娱乐是帮那个几年前花一块五毛钱买的洋娃娃梳梳头；别的孩子每天都是坐在饭桌前便有饭吃，可女儿却差不多负担了所有的家务活……这一切，使他对女儿产生了一种深深的内疚感：女儿弱小的双肩本不该承受这一切呀！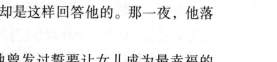

"没妈的孩子真可怜。"一听到邻里这样议论，他心里就像被针扎着一样疼。"爸爸对不起你。"他曾对女儿这样说。"不，爸爸。别人有的我都不稀罕，可我有的，别人却永远无法得到，我得到了一个天下最好的爸爸的爱。"女儿却是这样回答他的。那一夜，他落泪了。

是的，他太对不起女儿了，他曾发过誓要让女儿成为最幸福的人，可事实上，他却连一个孩子应该享受的最起码的生活都不能保障！"总有一天我会证明的，有新衣服穿并没什么了不起！"女儿说到了，也做到了，他为有一个这样的女儿而骄傲。每一次的考试，每一次的学科竞赛，女儿总是第一。他不知道别人家里是怎样来表达自己的自豪感，是怎样来庆祝的，他能做的，就是让女儿吃上一顿她爱吃的菜。

女儿快 15 岁了。"等你再拿到一个第一，爸爸买辆自行车送你。"女儿的眼睛亮了一下，随即又黯淡了下来。"不，爸爸，我真的不需要。"虽然女儿这样说，但他明白，一辆自行车对女儿的意义。

上小学时，别的孩子总有车接送，他却只能每天牵着女儿的小手陪她走到学校。现在女儿上了中学，不用他送了，可他知道，学校离家更远了，别的孩子都骑自行车，可女儿……每当刮风下雨，女儿回来总是一身泥水一脸疲惫，他见了不知多心疼。也曾有个好心的同学用自行车载女儿回家，在路上却遇见了交警，那同学被罚了 10 元钱，女儿从此便不再让同学载。她的心里有一种对同学深深的愧疚。女儿那个年龄的孩子，总爱把所有的责任都往自己身上推，况且，女儿是个自尊心很强的人。他也曾每天给女儿 5 毛钱让她乘公共汽车，女儿收下后却在他生日那天送了他一双不很名贵却足以让他珍惜一辈子的皮鞋，女儿也知道，他太需要一双皮鞋了。女儿真的很乖。他为有这样的女儿而骄傲。

这次考试后，他发现女儿沉默了许多，考试成绩也迟迟没有告诉他，他隐隐猜出几分，却什么也没问。他决定了，无论如何，他一定会在女儿生日那天实现自己的承诺。

今天，就是女儿 15 岁的生日，一大早，女儿出乎意料地主动给他看了成绩，那是一个比以往任何一次考试都低许多的分数。"没关系的，要相信自己。"他擦干了女儿眼角的泪，对她说。

尽管女儿没得到第一，他仍旧去了商店。挑来挑去，那些时下流行的山地车价钱实在太贵了，他也实在没法负担。最终，他选了一辆"安琪儿"，红色的，红色代表希望，女儿一定喜欢。

回到家，女儿已经将饭做好了。"来，看看爸爸给你买的生日礼物。"他拉着女儿的手说。女儿诧异地跟他出了家门，突然间，女儿惊异了。

一滴，又一滴……他这才发现，女儿的泪正一滴一滴往下落。"喜欢吗？"他问女儿。半晌，女儿才抬起头，"爸爸，对不起。""傻孩子，15 岁了，还尽说傻话。"

他摸了摸女儿柔软的头发，又轻轻擦去女儿脸上的泪，"你长大了。"他长长舒了一口气，这才发现，女儿眼里蓄满了泪。"怎么了，你哪儿你不舒服吗?"他焦急地问，女儿慢慢抬起头，轻轻地说："其实，爸爸，这次我仍是第一。"

9. 感恩的尴尬

没想到感恩不成，反倒搅了父母一夜好觉。

17 岁的我，在离家 *30* 多里的县城读高中一年级。一个深秋的夜晚，我躺在床上看一本外国文集，其中有一段故事深深地打动了我。

杰克·罗伯特是一个远离父母的孩子，在他 *16* 岁那年的感恩节，他突然意识到自己长大了，他想到了感恩。于是，他不顾窗外飘着雪，连夜赶回家，他要对父母说，他爱他们。和他想象的一样，母亲开了门。他虔诚地说："妈，今天是感恩节，我特地赶回来向你们表示感谢，谢谢你们给了我生命!"杰克·罗伯特还没说完，母亲就紧紧地上前拥抱并且亲吻了他，杰克的爸爸也过来，深情地拥抱他们。

那种温馨的场面，一下子掀起了我思乡的狂潮。我想起，今天正是西方的感恩节，我也要给父母一个惊喜! 天太晚了，坐车回家已不可能。我去借了一辆单车，心想，这样回家更能让父母感动。

出了校门，发现天正下着雨，我稍一迟疑，想到故事里的杰克能冒着风雪回家，精神一振，上路了。一路上，我脑子里一直在畅想着母亲打开门看到我时的惊喜。汗水和着雨水浸湿了衣服，我依然使劲地蹬着踏板，只想早些告诉父母我对他们的爱与感激。

终于，我湿漉漉地站到了家门口，心里"怦怦"急跳着敲响了门。门打开了，母亲一见是我，满眼惊慌，轻声说道："你这孩子怎么啦？深更半夜的，怎么回来了，出什么事了?"突然间我脑海里一片空白，一路上演练过无数次的"台词"怎么也说不出口。"爸，妈……我，我……""我"了半天，最后什么也没说，只是一甩头走进了自己的房间，关上了门。我悄悄地问自己：这文学和生活就相差这么远吗？朦胧中，我听到父亲走出来问："怎么啦?""谁知怎么了，"母亲说，"我问了半天，他也不说。歇着吧，明天再说。"

第二天早上，我起床后问母亲："爸去哪了，怎么没见到他?"母亲说："你这孩子，出了什么事也不说，深更半夜地跑回家，我和你爸一宿没睡，天刚落白，你爸就上路了!""到哪去了?"我奇怪地问。

母亲说："去你学校，问问你到底出了什么事？他担心着呢!"

"唉!"我叹了口气，没想到，感恩不成，感恩的债倒又欠下一笔，无端搅了父母的一夜好觉。

从那晚我明白，对于父母的感恩方式有许多种，并不一定是在深夜赶回家。

10. 上帝的惩罚

男人从儿子出生的那天起，就像天下很多父母一样，对儿子百依百顺。

儿子两三岁时，男人整天把儿子顶在肩上。有很长一段时间，男人脖颈上总是温湿的一片，那是儿子尿的。

渐渐大了些，儿子喜欢把男人当马骑，儿子说一声"我要骑马"，男人便趴下来，儿子跨在男人身上，大喊："驾——"男人在喊声中满屋子转，这段时间，男人所有裤子的膝盖都打了补丁。

一天，儿子看见天上的月亮又圆又亮，居然生出让男人摘月亮的想法，儿子开口说："爸爸，我要月亮。"

男人满足了儿子，男人拿了一个盆，里面装满了水。男人把盆放在月光下，盆里，真有一个月亮了，儿子趴在盆边，大叫着说："月亮在里面。"

儿子上学时，男人每天送出接进，男人总是提着书包走在儿子身后。这段时间，男人是儿子的书童。

儿子从小学到中学，又从中学到高中，到大学，再到分配工作结婚生子，这岁月不是一天两天，而是二十几年。男人对儿子有求必应倾其所有。男人通常衣不遮体，儿子却西装革履；男人饥肠辘辘，儿子却饱食终日，男人为儿子付出了毕生精力。岁月无情，男人在儿子年轻有为时老朽年迈了。

男人变成老人了，然而让这个老人没有料到的是，当他应该颐养天年时，儿子却把他扫地出门了。老人在被儿子推出门时，大叫："你不应该这样对我呀！"儿子没理睬老人，"砰"地一声把门关了。

老人在流浪街头的很长时间里，常常老泪纵横。老人看见一个人，便说："他不应该这样对我呀，我连天上的月亮也帮他摘过，就是没把心挖给他。"又看见一个人，又说："他不应该这样对我呀，我连天上的月亮也帮他摘过，就是没把心挖给他。"再看见一个人，还这样说，没人嫌老人啰嗦，都唏嘘不已，陪着老人伤心叹息。

一个电闪雷鸣的晚上，老人蜷缩在人家的屋檐下，饥寒交迫让老人大哭不已，老人在一道闪电过后呼号起来，老人说："上帝呀，你睁开眼睛看看我受的罪吧。"

上帝没有出现，但一个比老人更老的老人在一旁开口了，他说："这就是上帝的安排。"

老人听了，看着那个更老的老人说："你是上帝？"

更老的老人回答："我不是上帝，但我知道这是上帝的安排。"

老人说："你是谁？"

更老的老人说："你看看我是谁?"

老人借着闪电，一次一次地端详着更老的老人，但老人始终不知道更老的老人是谁，老人后来摇了摇头，问那个更老的老人说："你到底是谁?"

更老的老人开口了，他说："你连自己的父亲都不认识——上帝怎么会不惩罚你?"

老人这才想起，他的老父还在世上。

11. 拐杖

雨下得很大，很冷。

教室里，北悄悄地对南说："瞧! 那边墙角落里缩着一个瘸子。"

南往窗外望，轻轻地问："哪儿?"

北伸出食指朝那儿一指。果然，远远的墙角落里，一个汉子，一手撑着拐杖，一手提着沉甸甸的米袋，立在那儿。

南的眼里闪过一道亮光。

北察觉出南抑制不住的激动，问南："你认识那个瘸子?"

南说："那不是瘸子。"

北说："不是瘸子，又是啥，明摆着，他不是撑着拐杖吗? 你认识他?"

南摇了摇头，心无法平静。

下课了。雨下得更密密匝匝了。

北发现南冒雨偷偷地跑到了墙角落，和那个瘸子比比划划、亲亲热热地交谈着。

南回来，北马上追问："南，你还是说说那瘸子，他是谁?"

南说："那不是瘸子。"

北说："不是瘸子，用拐杖干吗，你会不认识他？"

南摇了摇头，盯着北不语。

北说："难道是你爹？你爹是个瘸子？哈哈哈……你爹原来是个瘸子……"

南的脑袋嗡嗡嗡地直叫，他的小手紧紧地攥成了小小的拳头。"啪"地一响，北"哎呀"跌在了地上。教室里，哄堂大笑。

铃响了，北报告了老师。

老师问南："干吗打北？"

南咬了咬牙，倔强地在课堂上立满了45分钟。

放学了，雨仍淅淅沥沥地下。

南送父亲出校门，南说："爹，下个月的米，我自己回家拿，你大老远的送一趟很辛苦。"

父亲一手撑着拐杖，一手拎着米袋，仿佛什么也没有听到。

南又说："爹，下个月的米，我自己回家拿，好吗？"

父亲笑了笑，说："南，你好好念书，其他什么也别想，下个月的米我按时送来。"

望着父亲一瘸一瘸远去的背影，南忍不住落下了泪水。

雨停了。夜晚的教室静静的。

父亲一瘸一瘸的背影，极不和谐的拐杖声，平平仄仄地击打着南的幼小心灵。

南偷偷地翻开珍藏的日记本。一笔一画，一笔一画，写下刚劲有力的两个大字——"拐杖"。一股丹田之气，溢满了他的全身。

南的心在不断地升腾。

12. 妈妈，我爱你

当你 1 岁的时候，她喂你并给你洗澡，而作为报答，你整晚哭着。

当你 3 岁的时候，她怜爱地为你做菜，而作为报答，你把她做的一盘菜扔在地上。

当你 4 岁的时候，她给你买下彩色笔，而作为报答，你涂满了墙与饭桌。

当你 5 岁的时候，她给你买了既漂亮又贵的衣服，而作为报答，你穿上后到附近的泥坑去玩。

当你 7 岁的时候，她给你买了皮球，而作为报答，你把球投掷到邻居的窗户上。

当你 9 岁的时候，她付了很多钱给你辅导钢琴，而作为报答，你常常旷课并且从不练习。

当你 11 岁的时候，她送你和朋友去电影院，而你要她坐到另一排去。

当你 13 岁的时候，她建议你去剪头发，而你说她不懂什么是现在的时髦发型。

当你 14 岁的时候，她付了你一个月的野营费，而你没有给她打一个电话。

当你 15 岁的时候，她回家想拥抱你一下，而你把门插起来。

当你 17 岁的时候，她在等着一个重要的电话，而你捧着电话打了整个晚上。

当你 18 岁的时候，她为你高中毕业感动得流下眼泪，而你跟朋友聚会到天明。

当你 19 岁的时候，她付了你的大学学费又送你到学校的第一天，你要求她在离校门口较远的地方下车，怕被朋友看见会丢脸。

当你 20 岁的时候，她问你："你整天去哪里？"而你回答："我不想说。"

当你 23 岁的时候，她给你买家具让你布置你的新家，而你对朋友说她买的家具真是糟糕。

当你30岁的时候，她对怎样照顾婴儿提出劝告，而你说："妈，现在时代已不同了。"

当你50岁的时候，她常患病，需要你的看护，你反而在读一本关于父母在孩子家寄居的书。

终于有一天，她去世了。突然你想起了所有你从来没做过的事，它们像榔头痛打着你的心。为我们洗澡穿衣、牵手走路、为我们远行牵挂的母亲，是我们一生的财富，你是否尽到了你的孝道？关心母亲吧，别到了"子欲养而亲不在"时，才体会到母亲的深情。

13. 谁更愉快

一天，拉摩和夏摩兄弟俩到集市上去玩，父亲给他俩每人两个安那（印度货币名），让他们买东西吃。两人拿到钱后非常高兴，连蹦带跳地出了门。在路上，拉摩说："夏摩弟弟，你打算用这些钱买什么？我们给妈妈买个新鲜橘子吧，妈妈从昨天开始就发烧了，现在她一定很想吃又凉又酸又甜的橘子，她吃了身体会好些的。"夏摩说："你愿意买你就买吧，我想要给自己买些吃的。爸爸给我们这些钱，就是让我们花的。妈妈若是需要橘子的话，她自己会开口要的，她有不少的钱。"他俩边走边谈，来到一个水果摊前。夏摩买了许多甘蔗，津津有味地吃起来；而拉摩则挑了一个又大又好的新鲜橘子。两人买好东西后一块儿回了家。两人来到母亲的房间，拉摩说："妈妈，您看，我从集市上给您买了个大橘子。您生病了，我觉得橘子对您最合适，所以就用爸爸给的零用钱买下了它，您吃吧！"母亲接过橘子，高兴地亲了亲拉摩，说："你是个好孩子，时刻挂念着妈妈的病，你自己却什么也没吃。"夏摩站在一旁，目睹此情此景，再听着母亲和哥哥的谈话，感到十分羞愧。拉摩从母爱中获得的幸福，夏摩从甘蔗里是不可能得到的。

14. 天底下最伟大的父亲

从记事起，布鲁斯就知道自己的父亲与众不同。父亲的右腿比左腿短，走路总是一拐一拐的，不能像其他小朋友的父亲那样，把儿子顶在头上嬉戏奔跑。父亲不上班，每天在家里的打字机上敲呀敲，一切都显得平淡无奇。

布鲁斯很困惑，母亲怎么愿意嫁给这样的男人并和他很恩爱呢？母亲是个律师，有着体面的工作，长得也很好看。小的时候，布鲁斯倒不觉得有个瘸腿的父亲有何不妥。但自从上学见了许多同学的父亲后，他开始觉得父亲有点窝囊了。他的几个好朋友的父亲都非常魁梧健壮，平日里忙于工作，节假日则陪儿子们打棒球和橄榄球。反过来看自己的父亲，不但是个残疾人，而且没有正经的工作，有时还要对布鲁斯来一顿苦口婆心的"教导"。

同许多年轻人一样，布鲁斯也喜欢打橄榄球，并因此和几位外校的橄榄球爱好者组成了一个队伍，每个周日都聚在一起玩。

周日，和往常一样，布鲁斯和几个队友正欢快地玩着，突然来了一群打扮怪异的同龄人，要求和布鲁斯他们来一场比赛，谁赢谁就继续占用场地。这是哪门子道理？这个球场是街区的公共设施，当然是谁先来谁用。布鲁斯和同伴们正要拒绝，但见其中两个将头发染成五颜六色的少年面露凶光，摆出一副不比赛你们也甭玩的样子。布鲁斯和同伴们平时虽然也爱热闹，有时甚至也跟人家吵吵架，但从不打架。看到来者不善，他们勉强点头同意了。

结果，布鲁斯他们赢了。可恶的是，对方居然赖着不走。布鲁斯和同伴们恼火了，和一个自称"头头儿"的人吵了起来。吵着吵着，对方竟然动手打人。一股抑制不住的怒火像火山一样爆发了，布鲁斯和同伴们决定以牙还牙。争斗中，不知谁用刀子把对方一个人给扎了，正扎在小腿上，鲜血淋淋，刀子被扔在地上。其他同伴见势不妙，一个个都跑了，就剩下布鲁斯还在与对方厮打，结果被闻讯而来的警察抓个正着，于是布鲁斯成了伤人的第一嫌疑犯。很快，躲在附近的布鲁斯的几个同伴也相继被抓住了，他们没有一个承认自己动了手。

警方几乎有了定论，伤人的就是布鲁斯。虽然对方伤势不重，但一定要通知家长和学校。布鲁斯所在的中学以校风严谨著称，对待打架伤人的学生处罚非常严厉。布鲁斯懊恼不已，恨自己看错了这些所谓的朋友。然而，布鲁斯越是为自己辩解，警察就越怀疑他在撒谎。一个多小时以后，布鲁斯的父母和学校负责人在接到警察的电话通知后陆续赶来了。第一个到的是父亲。布鲁斯偷偷抬眼看了看父亲，马上又低下了头。父亲显得异常平静，一瘸一拐地走到布鲁斯面前，把布鲁斯的脸扳正，眼睛紧紧盯着布鲁斯，仿佛要看穿他的灵魂。"告诉我，是不是你干的?"布鲁斯不敢正视父亲灼灼的目光，只是机械地摇了摇头。接着校长和督导老师也来了，他们非常客气地和布鲁斯父亲握手，并称他为韦利先生。

布鲁斯的父亲不叫韦利，但韦利这个名字听上去很熟悉。布鲁斯的父亲和校长谈了一会儿后，布鲁斯听见父亲对警察说："我养的儿子，我最了解。他会跟父母斗气，会与同伴吵嘴，但是，拿刀扎人的事他绝对做不出来，我可以以我的人格保证。"校长接口说："这是著名的专栏作家韦利先生，布鲁斯是他的儿子。布鲁斯平时在学校一向表现良好，我希望警察先生慎重调查这件事。有必要的话，请你们为这把刀做指纹鉴定。"父亲和校长的那番话起了作用。当警察对布鲁斯和同伴们宣布要做指纹鉴定时，其中一个叫洛南的终于站出来承认是自己干的。那一刻，布鲁斯抑制不住的泪水夺眶而出，第一次扑在父亲怀里，大哭起来。此刻的他，觉得父亲是如此的伟岸。哭过之后，母亲也赶来了。

布鲁斯迫不及待地问母亲"爸爸真是那位鼎鼎大名的作家韦利吗？"母亲惊愕了一下，说："你怎么想起这个问题？"布鲁斯把刚才听到的父亲与校长的对话告诉了母亲。母亲微笑着点了点头："这是真的。你爸爸曾是个业余长跑能手。在你两岁的时候，你在街上玩耍，一辆刹车失灵的货车疾驰而来。你被吓呆了，一动不动。你父亲为了救你，右腿被碾在轮下。你父亲不让我透露这些，是怕影响你的成长，也不让我告诉你他是名作家，是怕你到处炫耀。孩子，你父亲是天底下最伟大的父亲，我一直都为他感到骄傲。"

布鲁斯激动不已，他没料到，自己引以为耻的父亲，曾经被自己冷落甚至伤害的父亲，会在自己最需要的时候，给予自己无比的信任。他知道，从扑到父亲怀里大哭那一刻，自己才真正明白父亲的伟大。

15. 账单

小彼得是一个商人的儿子，有时他会到爸爸开的商店里去瞧瞧。店里每天都有一些收款和付款的账单要经办，彼得往往被派去将这些账单送往邮局寄走，他渐渐觉着自己似乎也成了一个小商人。

有一次，他忽然想出了一个主意，也开一张收款账单寄给妈妈，索取他每天帮妈妈做事的报酬。

一天，小彼得的妈妈发现在她的餐盘旁边放着一份账单，上面写着：

母亲欠她的儿子彼得如下款项：

为取回生活用品

20 芬尼

为把信件送往邮局

20 芬尼

为他一直是个听话的好孩子

20 芬尼

共计: 60 芬尼

母亲收下这份账单，并仔细地看了一遍，什么话也没有说。晚上，小彼得在他的餐盘旁边找到了他所索取的 60 芬尼报酬。正当他准备把这笔钱收进自己的口袋时，突然发现餐盒旁边还放着一份给他的账单。他把账单展开读了起来：

彼得欠他的母亲如下款项：

为在她家里过的 10 年幸福生活

0 芬尼

为他 10 年中的吃喝

0 芬尼

为在他生病时的护理

0 芬尼

为他一直有个慈爱的母亲

0 芬尼

共计: 0 芬尼

小彼得读着读着，感到羞愧万分！一会儿，他怀着一颗怦怦直跳的心，蹑手蹑脚地走近妈妈，将小脸蛋藏进了妈妈的怀里，小心翼翼地把那 60 芬尼塞进了妈妈的围裙口袋。

16. 挚爱无极限

有一位充满智慧的母亲，拥有五个乖巧的小孩。这位母亲也深信"爱是乘法，不是除法"的道理，她不会将自己对孩子的爱平均分配，反倒是将所有的爱不断地相乘，让她对五个孩子的爱意成等比级数一般与日俱增。

最小的女儿由于长得可爱无比，也就经常被问到："你妈妈比较喜欢哪一个小孩？"这个小女儿受到旁人这个无聊愚蠢问题的影响，有一天，终于按捺不住，跑来问妈妈同样的问题："妈妈，我和哥哥姐姐，五个小孩当中，你比较喜爱哪一个啊？可不可以告诉我呢？"

从来不责备小孩的这位母亲，听完小女儿的问题后，微笑地轻轻握着小女儿白嫩的小手，问她："孩子，你手上五根手指头当中，你又最喜欢哪一个手指呢？"

小女儿偏着头想了想，很快地露出灿烂的笑容，回答道："我当然是最喜欢大拇指。"母亲点了点头，伸手拿起一旁的剪刀，紧抓着小女儿的手，做势说道："既然你最喜欢大拇指，那我就帮你把其他的手指头都给剪掉，只留大拇指就好了。"

小女儿被妈妈这样的举动吓了一大跳，连忙挣脱了妈妈的掌握，大叫道："不可以，不可以，我每一个手指头都喜爱啊！请你不要剪，不要剪我的手指头，好不好？"

母亲放下手中的剪刀，将女儿拥进怀中，温暖地笑道："妈妈当然不会真的去剪你的手指头啊！我只是想要让你能够知道，你们5个小孩，都是妈妈心中最重要的宝贝，就像你懂得宝贝自己的手指头一样，也像你爱自己的手指头一样：每一个小孩，都是妈妈心中的最爱，在妈妈的心中，爱是绝对的，不会比较爱哪一个！我这么说，你懂了吗?"

小女儿又想了想，伸出白嫩的小手，轻抚妈妈美丽的脸庞，也温柔地说道:"妈妈，你放心，我都懂了，我也会用全部的五根手指头来好好地爱你……"

17. 樱桃树下的母爱

蒂姆4岁这年，一贯花天酒地的父亲向母亲提出了离婚。母亲带着他搬到了马洛斯镇定居。马洛斯镇尽头有一家大型的化工厂，工厂附近有许多美丽的樱桃树，蒂姆一眼就喜欢上了这里。

蒂姆在新的环境中生活得十分愉快。他喜欢拉琴，每天都拿着心爱的小提琴来到院子里的樱桃树下演奏。

伊扎克·帕尔曼是蒂姆最喜欢的小提琴家。他跟蒂姆一样，小时候患上了小儿麻痹症，成为终身残疾，无法站立演奏，但他却以超常的毅力克服困难，最终成为世界级小提琴大师。母亲常以此激励蒂姆，蒂姆也没有辜负母亲，几年过去了，他的琴技日渐提高，悠扬的乐声是他们生活中最美妙的伴奏。

不幸再一次降临到了这对母子身上。化工厂发生了严重的毒气泄漏事故，距离化工厂最近的蒂姆家受到了严重的影响。蒂姆时常恶心、呕吐，最可怕的是他的听力开始逐渐下降。医生遗憾地表示蒂姆的听觉神经已严重损坏，仅保有极其微弱的听力。

母亲狠下心把蒂姆送到了聋哑学校，她知道要想让儿子早日从阴影里走出来，就必须尽快接受现实。医生提醒过，由于年纪小，蒂姆的语言能力会由于听力的丧失而日渐下降，因此即使在家里，母亲也逼着蒂姆用手语和唇语跟她进行交流。在母亲的督促和带动下，蒂姆进步得很快，没多久就能跟聋哑学校的孩子们自如交流了。

樱桃树下又出现了蒂姆歪着脑袋拉琴的小小身影。

看到儿子的变化，母亲很是欣慰。和以前一样，每次只要蒂姆开始在樱桃树下拉琴，她都会端坐在一边欣赏。不同的是，每次演奏结束后，母亲不再是用语言去赞美，取而代之的是她也日渐熟练的手语和唇语，以及甜美的微笑和热情的拥抱。

可蒂姆的听力太有限，他很想听清那些美妙的旋律，但他听到的只有嗡嗡声。蒂姆很沮丧，心情一天比一天坏。

看到儿子如此痛苦，母亲不禁也伤心地流下泪来。一天，母亲用手语对蒂姆"说"道："孩子，尽管你不能完全听清楚自己的琴声，但你可以用心去感觉啊！"

母亲的话深深印在了蒂姆心里，从此他更刻苦地练琴，因为他要用心去捕获最美的声音。为了让蒂姆的琴技更快地提高，母亲还想出了一个妙招——镇上没有专业教师，母亲就用录音机录下蒂姆的琴声，然后再乘火车找城里的专家进行点评。为了避免有所遗漏，她还麻烦专家把参考意见一条条地写下来，好让蒂姆看得清楚。

可蒂姆发现，只要自己演奏较长的乐曲，有时明明超过了 *50* 分钟，早到了该翻面的时候，可母亲还看着自己一动不动。事后蒂姆提醒母亲，母亲忙说抱歉，笑称自己是听得太入迷了。后来，只要录音，母亲都会戴上手表提醒自己，再也没出现过任何疏漏。

樱桃树几度花开花落。在法国的一次少年乐器演奏比赛上，蒂姆以其精湛的技艺和昂扬的激情震撼了在场所有的评委，当之无愧地获得了金奖。当人们得知他几乎失聪时，更是觉得他的成功不可思议。许多人把他称为音乐天才。更幸运的是，蒂姆的听力问题也受到了医学界的关注，经过巴黎多位知名专家的联合会诊，他们认为蒂姆的听力神经没有完全萎缩，通过手术有恢复部分听力的可能。

手术很快实施了，术后的效果很理想，医生说再配戴上人造耳蜗，蒂姆的听觉基本上就能与常人无异了。

这段时间，母亲一直陪伴在蒂姆身边。配戴上耳蜗的这天，蒂姆表现得特别兴奋，他用手语告诉母亲："从现在起，我要学习用口说话，您也不必再用手语和唇语跟我交流了。"他甚至激动地拉起了小提琴，用结结巴巴的声音说："母亲，我能听见了，多么美的声音啊！"然后他又问道："母亲，您最喜欢哪首曲子，我现在就拉给您听好吗？"

但奇怪的是，母亲似乎根本没有听见他的话，她依然坐在那里含笑看着他，保持着沉默。蒂姆又结结巴巴地问："母亲，您怎么不说话啊？"这时，护士小姐走了过来，她告诉蒂姆，他的母亲早已完全失聪。蒂姆睁大了眼睛，直到这时，他才知道了真相：原来，在那次毒气泄漏事故中损坏了听觉神经的不只是他，还有他的母亲。只是为了不让蒂姆更加绝望，母亲才一直将这个痛苦的秘密隐藏到现在。母亲的绝大部分时间都是和蒂姆用手语和唇语交流，因为很少开口，如今都不怎么会说话了。蒂姆想起年少时对母亲的种种误解，不由得抱着母亲痛哭起来。

蒂姆和母亲回到了家中，初春时节，在开满粉红花瓣的樱桃树下，伴着轻柔的和风，蒂姆再次为母亲拉起了小提琴。他知道，母亲一定听得到自己的琴声，因为她是用心去感受儿子的爱和梦想。虽然他当年在母亲那儿得到的只是无声的鼓励，但这其实是一个伟大的母亲奉献给儿子的最振聋发聩的喝彩。

18. 风雨中的菊花

午后的天灰蒙蒙的，乌云压得很低，似乎要下雨。就像一个人想打喷嚏，可是又打不出来，憋得很难受。

多尔先生情绪很低落，由于生计的关系他不得不在这样的天气出差。他要转车到休斯敦。距离开车的时间还有两个小时，他随便在站前广场上漫步，借以打发时间。

"太太，行行好。"声音吸引了他的注意力。循声望去，他看见前面不远处一个衣衫褴褛的小男孩伸出鹰爪一样的小黑手，尾随着一位贵妇人。那个妇女牵着一条毛色纯正、闪闪发亮的小狗正急匆匆地赶路，生怕那双黑手弄脏了她的衣服。

"可怜可怜吧，我3天没有吃东西了，给1美元也行。"

考虑到甩不掉这个小乞丐，妇女转回身，怒喝一声："滚！这么点小孩就会做生意！"小乞丐站住脚，满脸是失望。

真是缺一行不成世界，多尔先生想。听说专门有一种人靠乞讨为生，甚至还有发大财的呢！可是……这个孩子的父母太狠心了，无论如何应该送他上学，将来成为对社会有用的人。

多尔先生正思忖着，小乞丐走到他跟前，摊着小脏手："先生，可怜可怜吧，我3天没有吃东西了，给1美元也行。"不管这个小乞丐是生活所迫，还是欺骗，多尔先生心中一阵难过，他掏出一枚1美元的硬币，递到他手里。

"谢谢您，祝您好运！"小男孩金黄色的头发都粘成了一个板块，全身上下只有牙齿和眼球是白的，估计他自己都忘记上次洗澡的时间了。

树上的鸣蝉在聒噪，空气又闷又热，像庞大的蒸笼。多尔先生不愿意过早地去候车室，就信步走进一家鲜花店。他有几次在这里买过礼物送给朋友。

"您要看点什么？"卖花小姐训练有素，彬彬有礼又有分寸。

这时，从外面又走进一人，多尔先生瞥见那人正是刚才的小乞丐。小乞丐很认真地逐个端详柜台里的鲜花。"你要看点什么？"小姐这么问，因为她从来没有想过小乞丐会买花。

"一束万寿菊。"小乞丐竟然开口了。

"要我们送给什么人吗?"

"不用,你可以写上'献给我最亲爱的人',下面再写上'祝妈妈生日快乐!'"

"一共是 20 美元。"小姐一边写,一边说。

小乞丐从破衣服口袋里哗啦啦地摸出一大把硬币,倒在柜台上,每一枚硬币都磨得亮晶晶的,那里面可能就有多尔先生刚才给他的。他数出 20 美元,然后虔诚地接过下面有纸牌的花,转身离去。

小男孩还蛮有情趣的,这是多尔先生没有想到的。

火车终于驶出了站台,多尔先生望着窗外,外面下雨了,路上没有了行人,只剩下各式车辆。突然,他在风雨中发现了那个小男孩。只见他手捧鲜花,一步一步地缓缓地前行,他忘记了身外的一切,瘦小的身体更显单薄。多尔看到他的前方是一片公墓,他手中的菊花迎着风雨怒放着。

火车撞击铁轨越来越快,多尔先生的胸膛中感到一次又一次的强烈冲击。他的眼前模糊了……

19. 母爱的力量

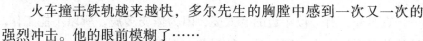

他母亲是在 40 岁的时候生下他的。小时候,他身体不好,多病。为了壮筋骨,母亲让他去学拳击。

他因此变得不乖,常常惹事生非。

母亲几乎天天打他,而且是边打边哭。

20 岁那年,他得了第一个冠军。第二天,他又干了一件事,在公交车上把一个霸占"孕妇专座"的男人打得头破血流……

母亲按惯例举起拐杖打他,他照旧老实地跪着认错,但这回他哭了,第一次在母亲的棒打下哭了!

他一点也不疼，所以哭了，是因为他突然发现母亲已苍老得再也打不疼他了，虽然她是那么竭尽全力、气喘吁吁地打！

在最后一次告别赛中，他反败为胜，震惊拳坛。接受采访时，他说，母亲是他永远的楷模，甚至会赋予他神圣的力量。当他倒下，裁判在旁边读秒时，只有一个声音可以让他爬起来，那就是母亲的话。

问他，母亲的哪一句话最让他难忘。他说："打死你！"我禁不住笑了，多么亲切而沉痛的一句中国母亲的口头语呀！

母亲打儿子，儿子打世界。母亲哭了，儿子笑了。

力量的源头，是爱；力量的秘密，还是爱。

20. 慈母

古时候，有一位年迈的老太婆，因为体弱多病，所以不能工作。她的儿子看她白吃白喝，是一种累赘，就想抛弃她。

有一天，儿子狠下心来，背着她往山里走。途中，儿子一路听背后的老母亲折断树枝的声音。他心中暗想："一定是母亲怕被抛弃之后，无法自己认路下山，而在沿途做记号。"他不以为然地继续往更深的山里面走，好不容易到深山处人烟绝迹的地方，将母亲放下来，毫无感情地说："我们在此分别吧！你自己照顾自己。"

此时，他的母亲慈祥地对他说："上山时，我沿途折树枝为你做了记号，你只要沿着记号下山，就不会迷路了。"

这位母亲此话一讲完，她的儿子愣住了，许久讲不出话来，最后流着悔恨的眼泪，从大逆不道的恶行中惊醒过来，赶紧向母亲下跪、忏悔，求其恕罪，又将母亲背回家。从此极为尽心地孝顺她。

21. 母亲的眼泪

一场细雨，淅淅沥沥。院子里，黄树叶儿散发着光芒。藤上的大葡萄膨胀了，肉鼓鼓地简直要绽裂的样子。紫色的花朵把紫花压得低低的。紫花下，一只破坛子在落叶中滚动。栖息在坛底的一只雏燕，又是寒冷又是伤心，缩成一团，瑟瑟发抖。她孤苦伶仃，两个姐姐已经南飞，妈妈，亲爱的妈妈，也已经远走高飞，向着温暖的地方。又湿又冷的夜晚，谁能给她温暖呢?

她在坛子底孑然一身。他们离开了她，因为她身残，飞不动。夏天，他们栖息在屋檐下，房子突然失火。母亲赶回来抢救，但为时已晚。一颗红红的火星飞进巢穴，烧伤了她的翅膀。那时她刚破壳而出来到世上，全身赤条条一丝不挂，顿时感到阵阵剧痛，晕了过去。一觉醒来，已在一个新的巢穴。她想抖动一下翅膀，但徒劳无功，因为左面的翅膀已经烧伤萎缩。夏天过去了，葡萄的颜色变深了。院子里，妈妈说:"亲爱的孩子，我们今天要南飞了。你飞不了，只得留下。那儿的坛子里，我用羽毛做了一个柔软的床铺。那就是你的窝。饿时你可以出去吃点东西，院子里水果比比皆是。待到春天来时，我们再回来找你。"

"谢谢，妈妈，谢谢您的安排!"小燕子凄凉地说。为了掩盖眼泪，她把头扎进了母亲的翼下，沉默了片刻……

她们飞走了!

忧郁苦闷的日子一天一天挨了过去。湿透的紫花，顶梢更加下垂了。一滴雨水，从最低的那片花瓣上滚了下来，正要滚下来时，雏燕听到雨水叹了一声:"噢，累死我了!"

"您从哪儿来?"雏燕好奇地问。

"噢，亲爱的，亲爱的，我从大洋来，我生在那儿。我不是一滴雨水，而是一滴眼泪。"

"一滴眼泪？谁的眼泪？"雏燕急切地问。

"一位母亲的眼泪。我生命的故事十分简短。9天前，一艘大的远洋轮船的桅杆上，栖息着一只燕子，它疲惫不堪，眼泪汪汪。我就诞生在悲伤忧愁的燕子的右眼里。狂风大作，大洋怒吼，燕子用微弱的声音对风说：'风兄弟！你周游世界，去保加利亚时，请停留一下，看望我那孤零零的孩子，告诉她，黑猫就在院子里徘徊，躲远一点。我走时忘了告诉她这件事。告诉她我悲痛欲绝……''你的孩子在哪里？'风问。'我把她留在院子里一只破旧的坛子里，那儿种着些紫花儿。'燕子话未说完，我就从她的眼里滚了出来。风逮住了我，带着我环游世界，已经旅行了9天。片刻之前我落在这朵花上。真是累死了！我现在什么都不想，就想滚下去睡一觉。"

雏燕听痴了。她迅速站了起来，张开嘴，吞下母亲的那滴昏厥过去的泪水。"谢谢，亲爱的妈妈。"她低声说道，躺到羽毛床上，睡着了。眼泪给了她温暖，她似乎又蜷缩在母亲的翅膀下。

22. 手套

冬天来了，天冷了，孩子放学的时候，天空中飘着细雨。孩子缩着脖子，还把双手插进裤袋里，匆匆地往家走。孩子路过一家商场，看到里面有好多人，包括一些学生都在买手套，孩子就决定也买一副手套，那样就不怕冻着手了。

孩子进了商场，像其他孩子一样，细心地挑选着手套。最后，孩子看中了一双棉手套，孩子戴在手上，非常的暖和。于是孩子就买下了它。

　　然后，孩子戴着手套回家了。路上，孩子想，我要不要告诉母亲我买手套了？告诉了母亲，母亲就可以给他钱。不告诉，母亲肯定不会给他钱。但是告诉了母亲，母亲肯定会心疼花了钱。母亲失业好一段时间了，最近才在一家家政公司上班，工资很低，而自己却花钱去买一副手套，母亲肯定心疼。这手套是可有可无的，对他们来说，属于奢侈品。

　　孩子决定先不告诉母亲买了手套，等找个适当的时候再说。孩子在开门之前，把手套取下来放进了书包。

　　打开门，母亲看到孩子回来了，就笑了，问，你冷吗？孩子说，不冷，不冷！母亲说，我给你买了一样东西，你猜猜是什么？孩子听母亲说给他买了东西，就笑了，说，肯定是好东西！母亲就拿出一副棉手套来。孩子吃了一惊，说，妈，你给我买的手套？母亲说，天这么冷，怕你的手冻着了！要是冻着了，怎么学习怎么写字？来，戴上试试，看合适不！母亲说着就将手套往孩子手上戴。

　　孩子没想到母亲会为他买一副手套，太突然了。孩子觉得自己对不起母亲，母亲想着给他买手套，可是他呢，却只想着自己，只买手套给自己。孩子知道，自己买的手套，只怕是永远都不能拿出来了，只能拿去退掉。拿出来让母亲知道了，母亲会怎么想？肯定会心疼花了钱，而且还会认为孩子不关心她。

　　母亲给孩子戴好了手套，高兴地说，还真合适！暖和吧？孩子说，暖和，真暖和！孩子又说，妈，你呢？你有手套吗？母亲说，我不用戴手套！我不怕冷！孩子知道，母亲肯定是为了省钱，舍不得为自己头手套。母亲怎么会不怕冷呢！不行，我得给母亲买一副手套。要是母亲的手冻着了，那她怎么干活？父亲已经去世了，家里全靠母亲呢！

　　第二天，孩子把自己买的那副手套好说歹说地退掉了，然后换了一副女式的棉手套。母亲给了他一副手套，他也要送一副手套给母亲才行。他不能让关心他的母亲把手冻着了，否则，他会不安的。

孩子回到家里的时候，吃了一惊，母亲的手上，已经戴着一副手套了。孩子没有把自己给母亲买的手套拿出来。孩子对母亲说，妈，你买手套了？母亲说，买了，我怕你为我买手套，所以就先买了。母亲是怕孩子买贵了，就自己买了。

孩子看了看母亲手上的手套，发现那是一种很便宜的手套。母亲终究是舍不得花钱的。孩子知道，母亲买这样的手套来戴，也只是为了让他安心，让他不再为她没有手套担忧她冻着了手。孩子说，买了就好！你要不买的话，我就要给你买了！只是这手套暖和吗？母亲笑着说，很暖和的！你就放心吧，我的手不会冻着了！孩子笑了笑，说，暖和就好，暖和就好！

现在，孩子是不能把自己买的手套送给母亲了。孩子把那副手套悄悄地藏了起来。孩子不能让母亲知道他给她买手套了，知道了，母亲肯定会心疼花了钱。孩子决定等明年冬天的时候再把手套送给母亲。

23．一位母亲与家长会

第一次参加家长会，幼儿园的老师对一位母亲说："你的儿子有多动症，在板凳上连3分钟都坐不了，你最好带他去医院看一看。"回家的路上，儿子问她老师都说了些什么？她鼻子一酸，差点流下泪来。因为全班30位小朋友，唯有他表现最差；唯有对他，老师表现出不屑。然而，她还是告诉她的儿子："老师表扬你了，说宝宝原来在板凳上坐不了1分钟，现在能坐3分钟了。其他的妈妈都非常羡慕妈妈，因为全班只有宝宝进步了。"

那天晚上，她儿子破天荒地吃了两碗米饭，并且没让她喂。

儿子上小学了。家长会上,老师说:"全班 50 名同学,这次数学考试,你儿子排第 49 名。我们怀疑他智力上有些障碍,您最好能带他去医院查一查。"

回去的路上,她流下了泪,然而,当她回到家里,却对坐在桌前的儿子说:"老师对你充满信心。他说了,你并不是个笨孩子,只要能细心些,会超过你的同桌,这次你的同桌排在第 21 名。"

说这话时,她发现,儿子黯淡的眼神一下子充满了光,沮丧的脸也一下子舒展开来。她甚至发现,儿子温顺得让她吃惊,好像长大了许多。第二天上学时,去得比平时都要早。

孩子上了初中,又一次家长会。她坐在儿子的座位上,等着老师点她儿子的名字,因为每次家长会,她儿子的名字在差生的行列中总是被点到。然而,这次却出乎她的预料,直到结束,都没听到。她有些不习惯。临别,去问老师,老师告诉她:"按你儿子现在的成绩,考重点高中有点危险。"

她怀着惊喜的心情走出校门,此时她发现儿子在等她。路上她扶着儿子的肩膀,心里有一种说不出的甜蜜,她告诉儿子:"班主任对你非常满意,他说了,只要你努力,很有希望考上重点高中。"

高中毕业了。第一批大学录取通知书下达的日子,学校打电话让她儿子到学校去一趟。她有一种预感,她儿子被清华录取了。因为在报考时,她给儿子说过,她相信他能考取这所学校。

她儿子从学校回来,把一封印有清华大学招生办公室的特快专递交到她的手里,突然转身跑到自己房间里大哭起来,边哭边说:"妈妈,我一直都知道我不是个聪明的孩子,是您……"

这时,她悲喜交加,再也按捺不住十几年来凝聚在心中的泪水,任它打在手中的信封上。

24. 温柔的抚摸

小男孩6岁时就开始学钢琴。6岁的小男孩学钢琴要比同龄人付出更多的汗水和泪水。小男孩很认真地练着，他知道妈妈就坐在他的旁边，妈妈一定在慈祥地注视着自己。每天上午，妈妈都带小男孩到文化宫来练习弹琴，那种弹奏是单调的，所以在弹到高潮的时候，妈妈常用手抚摸他的头，妈妈那温暖的气息就随着这温柔的触摸传遍他全身，让他振作起所有的精神。中午的时候，妈妈再牵着小男孩的手回家。在路上，一边走，妈妈一边告诉小男孩，小心点，你的左边有一口下水井，别踩到里面去——小男孩看不见路，他一出生就双目失明。

16岁时，这个男孩弹奏钢琴的技术已经从同龄人中脱颖而出，并且有了第一次登台演出的机会。主持人给他描述现场的情况：今天到场的有很多国家领导人，都在第一排就座，他们可以看清楚你的一举一动。会场上共有5000多名观众，都是社会名流，其中还有一些是音乐界的权威，主持人说这话时没有注意到小男孩手在微微发抖，脸上流出了细密的汗珠。

正在现场采访的香港凤凰卫视的记者吴小莉发现了这一细节，她上前握住了男孩的手问："你怎么了？"小男孩说："我，我的心里真的好紧张啊……"吴小莉想了想告诉他："孩子，你妈妈今天来了吗？""是的，不过她现在在台下的观众席上。""好孩子，你一定要记住，今天最重要的观众只有一个人，那就是你的妈妈。你今天只是在为你的妈妈演出！"小男孩点点头，从容地上场了。

行云流水般的琴声从男孩手下汩汩流出，忽而高亢，忽而缠绵，忽而又如小鹿般欢快跳跃。长达8分钟的演奏强烈地震撼了每个观众的心灵。那是一次非常成功的演出，当男孩起身向台下观众致谢的时候，全场掌声雷动。

节目结束时吴小莉现场采访了一位观众，让他谈谈自己的感受，观众很激动地告诉她："那个小男孩弹得太棒了，我闭眼听着的琴音，就好像妈妈的手在抚摸我的头。"

25. 每一个脚印都是你自己走的

6岁那年，他得了一种怪病，肌肉萎缩，走路时两腿无力，常常跌倒，且每况愈下，直至行走越发困难。他父母急坏了，带他走遍了全国各地有名的医院，请了无数专家诊疗，甚至动过让他出国治疗的念头。每一家医院的结果都一样——重症肌无力。专家说，目前此病只能依靠药物并辅以营养搭配与身体锻炼来调节。他的生活从此变得不同于常人。

上小学了，他开始有了自己的苦恼。他家离学校很近，正常孩子10多分钟便能走完的路程，他却要花费几倍的时间才能到达。

9岁那年的冬天，一个下午，天气骤变，随后便雪花飞舞。到放学时，路上已铺满厚厚的一层雪。很多家长赶到学校来接孩子。他想自己腿脚不方便，雪又这么大，爸妈一定会来接的。他站在校门口，等着。直到孩子都被家长接走了，也未见到自己的父母。他的焦急变成了伤心：爸爸妈妈为什么不疼爱我？工作再忙也得想到我呀！他的泪在脸上流淌。终于，他吸了一口气，咬咬牙，迎着暮色，踏上返家的路。这一段路途走得实在艰难，不知摔了多少跟头，也不知走了多长时间。委屈、恐慌、愤怒交织在一起。他想等到了家里，父母不管说什么理由，他也不理会他们。此时，他恨极了父母。

终于，他蹒跚着到了家门口。让他没想到的是，眼含热泪的爸

81

爸急急地跑过来为他开了门。随后，他那掩面痛哭的妈妈一下子扑上来，紧紧地抱住了他，一家三口哭成一团。许久，哭红眼睛的妈妈无比怜爱地摸着他的头，对他说："孩子，你回头看一看，那路上的每一个脚印都是你自己走的。今天，爸爸妈妈真为你感到骄傲与自豪！你在以后的生活中，肯定会遇到许许多多的困难。如果都能像今天这样顽强地走过来，那你将永远是爸妈心中最有出息的孩子，是最棒的男子汉。"

他是我的学生，告诉我这件事的时候，他已是个 14 岁的少年，必须借助拐杖才能走路，但他很乐观。他说，永远忘不了那个冬夜傍晚的一幕，牢牢记得妈妈跟他讲的话——"每一个脚印都是你自己走的"。这句话，让他树立起强大的信心，让他敢于面对一切困难。

是的，每一个脚印都是你自己走的。人生的旅途中，父母只能陪伴你一程，更多的艰难险阻需自己去克服。

26. 母亲的信念

有一个女孩，没考上大学，被安排在本村的小学教书。由于讲不清数学题，不到一周就被学生轰下了讲台。母亲为她擦了擦眼泪，安慰她说："满肚子的东西，有人倒得出来，有人倒不出来，没必要为这个伤心，也许有更适合你的事情等着你去做。"

后来，她又随本村的伙伴一起外出打工。不幸的是，她又被老板轰了回来，原因是剪裁衣服的时候，手脚太慢了，品质也过不了关。母亲对女儿说："手脚总是有快有慢，别人已经干很多年了，而你一直在念书，刚开始干怎么快得了呢？"

女儿先后当过纺织工，干过市场管理员，做过会计，但无一例外，都半途而废。而每次女儿沮丧回来时，母亲总是安慰她，从没有抱怨。

30岁时，女儿凭着一点语言天赋，做了聋哑学校的辅导员。后来，她又开办了一家残障学校。再后来，她在许多城市开办了残障人用品连锁店，很快成了一个拥有几千万资产的老板。

有一天，功成名就的女儿凑到已经年迈的母亲面前，她想得到一个一直以来很想知道的答案，那就是前些年她连连失败，连自己都觉得前途渺茫的时候，是什么原因让母亲对她那么有信心呢？

母亲的回答朴素而简单。她说："一块地，不适合种麦子，可以试试种豆子；豆子也长不好的话，可以种瓜果；如果瓜果也不济的话，撒上一些花种子一定能够开花。因为一块地，总有一粒种子适合它，也终会有属于它的一片收成。"

听完母亲的话，女儿落泪了。她明白了，母亲恒久而不绝的信念和爱，就是一粒坚韧的种子。她的奇迹，就是这粒种子执著生长出的奇迹。

27. 阳光下的守望

我见过一个母亲，一个阳光下守望的母亲。母亲就站在7月炎热的阳光下，翘首望着百米外的考场，神色凝重。母亲脸上早冒出豆大的汗珠。汗水早将她的衣衫浸染得像水洗一样，她的花白的头发凌乱地贴在前额上。母亲就这样半张着嘴，一动不动地盯着考场，站成一尊雕像。

树阴下说笑的家长停止了说笑，他们惊讶地望着阳光下的母亲。有人劝母亲挪到树阴下，母亲神情肃然的脸上挤出比初冬的冰还薄的笑，小声嗫嚅道："站在这里能清清楚楚地看到考场，能清清楚楚地看到孩子。"没人笑她痴，没人笑她傻，也没人再劝她。

烈日下守望的母亲舔了舔干裂的嘴唇，目光扫了扫不远处的茶摊，就又目不转睛地盯着考场了。

不知过了多久，也许半个小时，也许一个小时，母亲像软泥一样瘫在了地上。众人一声惊呼后都围了上去，千呼万唤后她仍昏迷不醒，便将她抬到学校大门口的医务室里。

听了心跳，量了血压，挂了吊针，母亲仍然紧闭双眼。经验丰富的医生微笑着告诉众人："看我怎样弄醒她。"

医生附在母亲耳边，轻轻地说了句："学生下考场了。"

母亲猛地从床上坐起来，拔掉针头，下了病床："我得赶快问问儿子考得怎么样。"

我常常将这个真实的故事讲给我的学生听，学生说，这故事抵得上一千句枯燥无味的说教。

28. 不准打我哥哥

刚上小学时，每到放学，我总喜欢拖着弟弟，偷偷摸摸地溜到国小的沙坑里玩沙子。有一天，在这个有欢笑有汗水的沙堆中，发生了一件令我毕生难忘的事。那是一个比我高一个头的小子，大声嚷嚷，怪我弟弟侵犯了他的地盘。我站在沙坑外边看着弟弟紧抿双唇，睁着大眼睛瞪着他。我幸灾乐祸地看调皮捣蛋的弟弟会怎么整他。

那个国小二年级的小子看我弟弟不理他，开始有点生气了。他上前一步，二话不说就朝弟弟的胸前用力推了一把，弟弟那瘦小的身躯就像是纸扎的，向后跌倒在地。我来不及细想，就发狠似的冲过去，整个身体朝那小子撞上去，两个人滚倒在沙堆中。

他把我的头朝下压在地上，用拳头猛捶我的身体，然后伸脚朝我踹过来，结结实实地踹在我的脸上！我被踢得往后滚了一两圈才坐起，首先映入眼帘的是弟弟惊恐的表情！我顺手抹一下脸，血！满手掌的血！我呆住了，不知道该怎么办，脑中一片空白。

"不准打我哥哥！"我抬起头，看见弟弟站在我的面前，两只小手张得开开的，身体呈大字形挡在我身前，脸上的泪还没有干，一抽一吸的……

"不准打我哥哥！"他大声地说了第二次。我看着那个平时供我使唤、调皮捣蛋的小鬼头，胸口莫名地悸动。

不知何时，那个恶狠狠的小子早已离开了。我站起来去牵弟弟的手，他站在那不动。我把他拉过来。他紧闭双眼，泪水却从他长长的睫毛中涌出。他只是流泪，却不哭出声，口里喃喃地说："不准打我哥哥……"

原来，有些感情是会直接用生命去保护的啊…

29. 孔融让梨

孔融，是孔子的后代。孔家是有名的书香门第，号称"诗礼传家"，家中十分注重礼的教育和依礼行事。孔融从小在父母的言传身教之下便很懂礼貌。

孔融兄弟7人，他排行第六。父母从小就教育他要孝敬父母，尊重兄长，讲究礼让。所以孔融虽然兄弟很多，却是兄友弟恭，从来没发生过吵嘴打架的事情。

小孔融爱吃梨，爸爸妈妈也常给他们兄弟买梨吃。在他4岁那年，一位客人带来一筐梨子，父母把他们兄弟叫来一起分梨。大大小小的梨子放了一桌子。家里几个孩子数孔融最小，大家都让他先挑。哥哥说："弟弟，又大又黄的好吃，你挑个大的吧！"

4 岁的孔融站在凳子上，挑来挑去，却挑了一个最小的。家人看了都很奇怪，问道："孔融，你为什么挑最小的呢？"孔融手里拿着小梨子，认真地说："哥哥们年岁大，应该吃大的，我是小弟弟，按礼来说，应该吃小的。"

听了小孔融的话，家里人都夸他是个懂礼貌的好孩子。

30. 小小的阳光

以前，有一位女孩，名叫埃尔莎。她有一位年纪很大的老奶奶，头发都白了，脸上也布满了皱纹。

埃尔莎的父亲在山上有一栋大房子。每天，太阳都从南边的窗户里射进来。房子里的每件东西都亮亮的，漂亮极了。奶奶住在北边的屋子里。太阳从来照不进她的屋子。

一天，埃尔莎对她的父亲说："为什么太阳照不进奶奶的屋子呢？我想，她也是喜欢阳光的。"

"太阳公公的头探不进北边的窗户。"她父亲说。

"那么，我们把房子转个个吧，爸爸。"

"房子太大了，不好转。"她爸爸说。

"那奶奶就照不到一点阳光了吗？"埃尔莎问。

"当然了，我的孩子，除非你给她带一点儿进去。"

从那以后，埃尔莎就想啊想啊，想着如何能带一点儿阳光给她奶奶。

当她在田野里玩耍的时候，她看到小草和花儿都向她点头，鸟儿一边从这棵树跳到那棵树，一边唱着甜美的歌儿，世间万物好像都在说："我们热爱阳光，我们热爱明亮、温暖的阳光。"

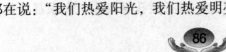

奶奶肯定也喜欢的，孩子想，我一定要带一点儿给她。

一天早晨，她在花园里玩时，看到了太阳温暖的光线照到了她金色的头发上。然后，她低下头，看到衣摆上也有阳光。

我要用衣服把阳光包住，她想，然后把它们带进奶奶的房子。于是，她跳了起来，跑进了奶奶的屋子。

"看，奶奶，看！我给你带来了一些阳光！"她叫着。然后，她打开了她的衣服，可是看不到一丝阳光。

"孩子，阳光从你的双眼里照出来了，"奶奶说，"它们在你金色的头发里闪耀。有你在我身边，我不需要阳光了。"埃尔莎不懂为什么她的眼睛里可以照出阳光。但她很愿意让奶奶高兴。

每天早上，她都在花园里玩耍，然后，她跑进奶奶的房子里，用她的眼睛和头发，给奶奶带去阳光。

31. 苹果的最佳分法

那时，我在一个农民工子弟小学教一年级的数学。

期中考试时，我给孩子们出了这样一道题："假如你家有 5 口人，买来 10 个苹果，每个人能分到几个苹果？"从年龄与智力发育水平来说，让七八岁的孩子来回答这道题，应该是很简单的。

但是当试卷交上来后，我却大吃一惊，我发现，由于打字员疏忽，"10"变成了"1"，这样，这道题变成了"假如你家有 5 口人，买来 1 个苹果，每个人能分到几个苹果"。我想，试题本身就错了，所以这道题根本就不可能有答案了。

但阅卷时，我发现几乎所有同学都在那道题下写出了各自的答案。

其中有一个答案震撼着我的心灵。答案的内容是：每个人能分

到 *1* 个苹果。

后面接着写了原因：假如爷爷买来 *1* 个苹果，他一定不会吃了它，因为他知道有病的奶奶一定很想吃，他会留给奶奶的。但奶奶也不会吃，她通常会把苹果送给她最疼爱的小孙女——我。但我也一定不会吃这个苹果，我会把它送给每天在街上卖报纸的妈妈，因为妈妈每天在太阳下晒着，口渴的她一定需要这个苹果。但是，妈妈也不会吃的，她一定会送给爸爸，因为爸爸进城这一年来每天都在工地上干很累很累的活，却从没吃过苹果。所以，我们家每个人都会得到 *1* 个苹果。

我含着眼泪，给孩子的答案打了满分。

32. 最贵的项链

店主站在柜台后面，百无聊赖地望着窗外。一个小女孩走过来，整张脸都贴在了橱窗上，出神地盯着那条蓝宝石项链看。她说："我想买给我姐姐。您能包装得漂亮一点儿吗？"

店主狐疑地打量着小女孩，说："你有多少钱？"小女孩从口袋里掏出一个手帕，小心翼翼地解开所有的结，然后摊在柜台上，兴奋地说："这些可以吗？"

她拿出来的不过是几枚硬币而已。她说："今天是姐姐的生日，我想把它当礼物送给她。自从妈妈去世以后，她就像妈妈一样照顾我们，我相信她一定会喜欢这条项链的，因为项链的颜色就像她的眼睛一样。"

店主拿出了那条项链，装在一个小盒子里，用一张漂亮的红色包装纸包好，还在上面系了一条绿色的丝带。他对小女孩说："拿去吧，小心点。"

小女孩满心欢喜，连蹦带跳地回家了。

在这一天的工作快要结束的时候，店里来了一位美丽的姑娘，她有一双蓝色的眼睛。她把已经打开的礼品盒放在柜台上，问道："这条项链是从这里买的吗？多少钱？"

"本店商品的价格是卖主和顾客之间的秘密。"

姑娘说："我妹妹只有几枚硬币，这条宝石项链却货真价实。她买不起。"店主接过盒子，精心将包装重新包好，系上丝带，又递给了姑娘："她给出了比任何人都高的价格，她付出了她所有的一切。"

33. 第一百个顾客

中午高峰时间过去了，原本拥挤的小吃店客人都已散去，当老板正要喘口气翻阅报纸的时候，有人走了进来。那是一位老奶奶和一个小男孩。

老奶奶坐下来拿出钱袋数了数钱，叫了一碗汤饭，热气腾腾的汤饭。

奶奶将碗推到孙子面前，小男孩吞了下口水望着奶奶说："奶奶，您真的吃过午饭了吗？"

"当然了。"奶奶含着一块萝卜泡菜慢慢咀嚼。一转眼工夫，小男孩就把一碗饭吃个精光。

老板看到这场景，走到两个人面前说："老太太，恭喜您，您今天运气真好，是我们的第一百个客人，所以这碗汤饭是免费的。"

此后，过了一个多月的某一天，老板看见那个小男孩蹲在小吃店对面像在数着什么东西。无意间望向窗外的老板被吓了一大跳。

原来小男孩每看到一个客人走进店里，就把小石子放进他画的圈圈里，但是午餐时间都快过去了，小石子却连 50 个都不到。

　　心急如焚的老板急忙打电话给所有的老顾客："很忙吗？没什么事，我要你来吃碗汤饭，今天我请客。"像这样打电话给很多人之后，客人开始一个接一个到来。

　　"81，82，83……"小男孩数得越来越快了。终于，当第九十九个小石子被放进圈圈里的那一刻，小男孩匆忙拉着奶奶的手进了小吃店。

　　"奶奶，这一次换我请客了。"小男孩有些得意地说。

　　真正成为第一百个客人的奶奶，让孙子招待了一碗热腾腾的牛肉汤饭。而小男孩就像奶奶一样，含了块萝卜泡菜在嘴里嚼着。

　　"也送一碗给那个男孩吧。"老板娘说。

　　"那小男孩现在正在学习不吃东西也会饱的道理呢！"老板回答。

　　吃得津津有味的奶奶问小孙子："要不要留一些给你？"

　　没想到小男孩却拍拍他的小肚子，对奶奶说："不用了，我很饱，奶奶您看……"

34. 爸爸妈妈要出差

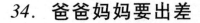

　　今天放学回家，艳艳看见奶奶又在剥花生，砸核桃。

　　奶奶今年87岁了，坐在小凳上，把一颗颗花生剥开，看长虫没有，发霉没有，一粒粒地凑近眼前细细看。她把大的放进一个大盘里，小的放进一个小盘里。她的手不灵便了，费力地剥着，专心地选着，细细地查看着，不让一粒霉花生混进盘里。剥完了，选好了，把花生洗干净后放在铁锅里加油炒。她把小粒的花生先炒，她说：混在一起就炒糊了。奶奶专心地炒着，快活地炒着，嘴唇一张一张的，像是香得她也想吃一样。一会儿奶奶说："艳儿，快来尝尝，炒香没有？可别炒焦了。"

艳艳知道，奶奶没牙齿了，嚼不动花生，帮奶奶品尝："真香，真香!"奶奶炒好花生，又用小锤在案板上砸核桃。奶奶一锤一锤地砸着，费力地砸着，白头发一飘一飘的。艳艳一直看着奶奶，奇怪地问："奶奶，你又吃不了花生和核桃，炒这么多花生，砸那么多核桃干吗?"

奶奶说："你爸爸最喜欢吃花生，妈妈最喜欢吃核桃，他们明天都要出差，我给他们一人装一点，让他们带上。"

平常爸爸妈妈每天晚上 7 点钟一定到家的，今天都 8 点了还不回家。快 9 点了，爸爸妈妈才敲门回来。他们的两手都提着大包的东西，艳艳忙去接过。哇! 都是好吃的东西，还有一包热气腾腾的包子呢。妈妈高兴地说："总算等到了这笼小笼包子，好多好多的人排队买。"

艳艳问："我不喜欢吃包子。你们不是也不喜欢吃包子的吗?"

妈妈说："奶奶最喜欢吃小笼包子了。妈，趁热，快来吃!"

爸爸还从大提包里取出蛋糕、酥饼、开心果、巧克力……妈妈说："我们明天都要出差，给你们多准备点吃的。"

艳艳看见，奶奶吃着热腾腾的包子，眼里含着泪花。爸爸妈妈看见奶奶炒的花生，砸的核桃仁，眼里也含着泪花。

35. 伏天的"罪孽"

"大热天，真是没事找事。"商场侦探亨利嘀咕着，他的制服已被汗水浸透。一位窄脸妇女正在他面前尖声诉说着什么。"真是，丢掉的钱既然已经找到了，就算了呗! 可她却不善罢甘休，仿佛站在桌前的这个小男孩真是一个危险的罪犯。"亨利思忖着，是的，10 块钱对大人也是不小的诱惑，何况对这个穿得破破烂烂的小孩子。

　　"是的，我没亲眼看到他偷钱。"那位太太唠叨着，"我买了一样东西，又要去看另一件货，就把10块钱放到柜台上。刚离开几分钟，钱就跑到这个小贼骨头的手上了。"

　　亨利这才发现，桌角那边还有个小女孩，她正用蓝蓝的大眼睛静静地看着自己。亨利问男孩："是你拿走钱的吗？"小男孩紧闭着嘴唇，点了点头。"你几岁了？""8岁了。""你妹妹呢？"男孩低头望了望他的小伙伴："3岁。"

　　在这大伏天里，孩子也许只是为了拿它去换点冰淇淋。可这位太太却咬定孩子是窃贼，非要惩罚他们不可。亨利不由得心疼起这两个孩子来了。"让我们去看看现场吧。"男孩紧紧拉着小女孩的手，跟着大人们向前走去。

　　柜台后面一个风扇吹来的风使亨利觉得凉爽些了。他问："钱在哪儿放着？""就在这。"太太把10块钱放在柜台上售货记账本的旁边。

　　亨利打量了一下小女孩，掏出几块糖来："爱吃糖吗？"女孩扑闪了一下大眼睛，点了点头。亨利把糖放在钱上面："来，够着了就给你吃。"小女孩踮起脚尖，竭力伸长小手，可还是够不着。亨利把糖拿给小女孩。太太在一边嚷起来："我不跟你争辩。难道他们可以逃脱罪责吗？领我去见你的老板……"亨利没理会，他正注视着那10块钱，柜台后面的风扇吹着它，它开始滑动，滑动，终于从柜台上飘落下来。

　　钱落在离两个孩子几尺远的地方。女孩看到钱，便弯腰捡起来递给哥哥，男孩毫不踌躇地把钱交给了亨利。"原先那钱也是你妹妹给你的对吗？"男孩点了点头，眼里涌出委屈的泪水。

　　"你知道钱是从哪来的吗？"男孩使劲摇着头，终于大声哭了出来。"那你为什么要承认是你偷的呢？"男孩泪眼模糊地说："她……她是我妹妹，她从不会偷东西……"

亨利瞟了一眼那位太太，看到她的头低了下来。

36. 为了哥哥

一位年轻的总裁，以比较快的车速，开着他的新车经过住宅区的巷道。他必须小心正在做游戏的孩子突然跑到路中央来，所以当他觉得小孩子快跑出来时，就要减慢车速。就在他的车经过一群小朋友的时候，一个小朋友丢了一块砖头打着了他的车门，他很生气地踩了刹车，并后退到砖头丢出来的地方。

他跳出车外，抓住那个小孩，把他顶在车门上说："你为什么这样做，你知道你刚刚做了什么吗？"接着又吼道："你知不知道你要赔多少钱来修理这台新车，你到底为什么要这样做？"小孩子哀求着说："先生，对不起，我不知道我还能怎么办？我丢砖块是因为没有人停下来。"小朋友一边说一边眼泪从脸颊落到车门上。他接着说："因为我哥哥从轮椅上掉下来，我没办法把他抬回去。"

那男孩啜泣着说："你可以帮我把他抬回去吗？他受伤了，而且他太重了，我抱不动。"

这些话让这位年轻的总裁深受感动。他抱起男孩受伤的哥哥，帮他坐回轮椅上。并拿出手帕擦拭他哥哥的伤口，以确定他哥哥没有什么大问题。

那个小男孩感激地说："谢谢你，先生，上帝保佑你。"然后男孩推着他哥哥离开了。

年轻的总裁慢慢地、慢慢地走回车上，他决定不修它了。他要让那个凹洞时时提醒自己：不要等周围的人丢砖块过来了，自己才注意到生命的脚步已走得过快。

37. 两根火柴

狂风魔鬼般咆哮着，鹅毛大雪满天飞舞。

在一间破旧的屋子里，一家四口围着炉子坐着。尽管如此，姐妹俩还是冻得不停地发抖。为了让大家忘掉寒冷，父亲决定玩个游戏。他神色凝重地说："现在家里穷得只能养活你们姐妹中的一个，而另一个必须丢掉。我们用抽火柴棍儿的方法决定留下你们中的一个。"

6岁的妹妹和8岁的姐姐都睁大了惊恐的眼睛："爸爸说的是真的吗?"父亲转过头，对他的妻子使了个眼色，然后大声说："拿两根火柴来。"妻子递了两根火柴给他。

丈夫接过火柴，把手背到身后，过了一会儿又举到前面说："现在两根火柴中有一根被折断，谁抽到了短的，就必须离开这个家。"

空气像被寒冷的风冻住了。姐妹俩看着爸爸，再看看爸爸手中的火柴，想从爸爸脸上找出什么破绽，来证明这只是一场游戏。但爸爸神情严肃，使两人不得不做出选择。

姐姐的手在两根火柴间游动，可是它们都只露出一节一样长的火柴头。于是姐姐快速抽出一根，用手捂着跑到了一边。妹妹也用同样的速度抽出了剩下的那一根，躲到了另一边。

夫妻俩相视一笑，露出一副计谋得逞的表情。

这时，姐妹俩同时转回了身，脸上都带着忧伤的表情，随后慢慢地举起了各自手中的火柴。

夫妻俩被所看到的一切惊呆了：两根火柴都只剩下了火柴头!父亲先是一愣，忽然又恍然大悟：原来火柴都被折到了最短，姐妹俩只为能让另一个人留下来!

父亲的眼圈红了。这个男人的心中忽然涌出了一种混杂着幸福、悲伤和内疚的复杂情绪，他抱着两个女儿失声痛哭。

只有他自己知道：握在自己手里的原本就是两根没有折断过的火柴！

38. 小狐狸的好主意

冬天，小白兔家门口结了很厚的一层冰，小白兔每天总要摔几跤，有一次竟把铅笔盒也摔坏了，兔妈妈不得不每天送小白兔上学。这事被小狐狸知道后，就对兔妈妈说："我有个好办法，可以使你家门口的冰很快融化。"兔妈妈让小狐狸赶快说出有什么好办法。小狐狸说："只要在路上撒一层稻草灰就可以使冰融化。"兔妈妈想了想，这附近只有熊大伯家烧稻草。于是，它到熊大伯家里，说明了来意。熊大伯很乐意帮忙，当天就拉了一车稻草灰，撒在小白兔家门口。这天阳光特别好，晒了整整一天，当小白兔放学回家时，门口的冰全化掉了。从此，小白兔再也不用妈妈送了。

39. 蚂蚁与鸽子

一只蚂蚁口渴了，便来到泉边喝水。突然一阵风吹过，把正埋头解渴的蚂蚁一下子抛入水中。有只鸽子正在泉边的树上休息，发现蚂蚁危在旦夕，急忙摘下一片树叶，抛向水中的蚂蚁。蚂蚁费尽力气爬上树叶，平安地上了岸。它对鸽子的救命之恩万分感激，却不知如何报答。

这时，路边走来一个捕鸟人，他看见了树上的鸽子，立刻撒开捕鸟网。他正在得意地以为万无一失时，蚂蚁爬到他的手上狠狠地咬了一口。捕鸟人痛得松开了手,手里的网张开了,鸽子从罗网中逃脱,飞向了天空。

助人者自助。

40. 野猪和马

野猪生性懒惰,不爱清洁,全身上下长着棕褐色的粗毛,两只獠牙丑恶地突出在外,耳朵和尾巴都短小。总的说来就是不美观,不太惹人喜爱。

马是一种很优雅的动物,高昂挺拔的身躯,漂亮的鬃毛,匀称的四肢,奔跑起来英姿飒爽。让野猪和马站在一起,就像丑小鸭和白天鹅对比那么强烈。

野猪从不为自己的长相发愁,自由自在游戏于青山绿水之间。它很会享受生活,从来没有对生活失去过信心,它单纯宽厚的心中永远充满热情,永远相信任何人。

马对它的邻居野猪没有一丝好感,在它高傲的心中只有自己,它始终认为自己是世界上最高贵的动物,一身雪白的皮毛足以显示它的威风。尽管野猪非常希望能同马处好邻居关系,但是马却从来不理睬它,马认为野猪太脏太丑,不配同它做朋友。瞧那头野猪,时常把青草槽踏得一塌糊涂,喝水时又总是把水弄浑。马一想到这儿,气就不打一处来,它一定要好好教训教训这个家伙。

野猪始终对马是尊重、和善、亲切的,它时常捉些蚯蚓、蛇和甲虫来与马共同分享,并对白马发表一些有关小爬虫的美食评论,鼓动马也享受一下快乐的生活方式。但是,马却对野猪这一套不感兴趣,它压根儿就不吃什么爬虫。

一天,马悠闲地在森林里散步,只听"砰砰……"几声枪响,然后就是嘈杂的狗叫声。又是猎人！马无奈地摇摇头，这些贪婪的人类，专干这种坏事，无止无休地残害着无辜的动物来满足自己的欲望。哎，谁让他们这么强大呢。想到这儿，马有了主意，它要借助猎人的力量对野猪进行教训。

马找到猎人，求他帮忙。猎人说："如果你肯套上辔头，听我驾驭，我才能帮助你。"马毫不犹豫地同意了猎人的条件。猎人给马配上马鞍，骑了上去，马别扭极了，它疯狂地奔驰，但猎人双腿夹着马腹，双手紧紧握住缰绳。马无论怎样奔跑、扭动都无法摆脱猎的人控制，自由已经不再属于它了。好在猎人还算守信，帮它制服了野猪，但事后，猎人把马牵了回去拴在槽头上。

马追悔莫及，痛恨不该被自己一时的愤怒冲昏头脑，虽然向所恨的人报了仇，却将自己置于别人的控制之下。

41. 大象和狮王

狮王非常喜欢大象。因为大象虽然不像狮王那么威风凛凛，可是，狮王很羡慕大象那么镇定，那么从容不迫。

狮王常和大象呆在一起。它们在一起吃饭，一起散步，一起讨论大森林里的各种事情。如果你在树林里看见了大象，你就一定能发现它身边的狮王。

"狮王在动物中最喜欢大象。"这消息像一阵风，很快就传遍森林。森林里的动物纷纷议论起来。

河马把脸拉得长长地问："大象长得并不漂亮啊！它是用了什么方法讨好狮王的呢？"

狐狸甩着大尾巴说："假如大象的尾巴像我的尾巴那么漂亮，它被狮王看上了，我还不觉得奇怪。可是，它没有呀！"

黑熊挥舞着它的巨掌，说："如果大象的爪子有这么锋利，那我倒也没话可说了。问题是：大象有这么了不起的爪子吗？"

野牛问："莫非，大象靠的是头上的角？"

驴子抢着说："不是，不是！大象讨狮子喜欢，完全是因为它有长得叫人恶心的鼻子和大得吓人的耳朵呀！"

动物们怀着恶意大笑起来。

正巧，狮王和大象从附近路过，它们听到了这些刺耳的怪话，大象笑了笑，不生气。狮王不平地说："这些家伙拼命地贬低别人，完全是为了借这个机会抬高自己啊！"

42. 丢了鼻子的小白象

在大森林的一条河边，住着象妈妈和她的小白象。小白象很淘气，总喜欢用它的长鼻子吸水玩。它一会儿朝小鹿身上喷，一会儿又朝山羊爷爷的门口射，小伙伴们都非常讨厌它。

一天中午，小白象又悄悄藏在河边。见猴子来喝水，小白象吸了一鼻子水，趁猴子不防备，"呼"地一声，喷得小猴满身是水。又过了一会儿，一只老狮子走来洗澡，小白象等它一靠近，猛地又喷过去一柱水。开始，老狮子不理它，小白象却乐滋滋地自言自语："老狮子有啥能耐，还不是被我的水枪打败了。"它就又向老狮子开了"枪"。谁想，这下可把老狮子惹怒了，扑过来，一口咬住了小白象的长鼻子，使劲儿一撕，长鼻子掉下来了，老狮子叼着走了，疼得小白象直在小河滩上打滚。

小白象丢鼻子的事儿，很快传遍了山林。猴子、小鹿、野猪、白兔都跑来看丢鼻子的小白象。小白象恳求说："你们快帮帮忙，让狮子还给我的长鼻子吧！"大家想到它平时的调皮捣蛋，都不大愿意帮它的忙。小伙伴们走散了，小白象哭着回到了家。象妈妈看见后吃了一惊，小白象把丢鼻子的经过说了一遍。象妈妈听了，耐心地对小白象说："白白呀，这都是你淘气的结果呀！往后，千万可要听话呵！"

打那以后，小白象非常听妈妈的话，经常帮妈妈干活儿，还用心学习。它主动到老狮子家赔礼道歉。老狮子也很后悔，说："都怪我脾气坏，把你的鼻子咬下了，现在你变成了个好孩子，就把鼻子还给你吧。"小白象恭恭敬敬地从老狮子手里接过鼻子，让小马医生给它安上。从此，它又变成了有鼻子的小白象啦！

43. 鹿和狼

也不知怎么回事，鹿和狼成了好朋友。

有一天，狼看到一块儿肉。它顾不得想什么，伸头就去吃肉，恰好脑袋被套住了。原来，这是猎人下的饵。狼喊："鹿大哥，鹿大哥，快来救我！"鹿跑下山坡，用角挑开套子，救出了狼，可是鹿的角却挂在套子上了。鹿急忙喊："狼老弟，快救我！快救我！"狼一边跑一边幸灾乐祸地说："自己顾自己就行了。"说完就跑到不远处，藏在一边看动静。

鹿只好等死，恰好树上的一只乌鸦看见了，乌鸦为它出了个好主意。

乌鸦刚飞走，猎人就来了。他一看，鹿瞪着眼，伸着腿，一动不动。他以为鹿死了，便把套子解开。这时，乌鸦在树上一叫，鹿就猛然跳起来逃走了。猎人拔箭要射乌鸦，乌鸦腾空而起，飞到狼的跟前落下了。狼正在看热闹，猎人一箭射到了狼身上，将它杀死了。

从此，鹿和乌鸦成了好朋友，它们快乐地生活着。

44. 蓝色的树叶

　　卡佳和莲娜是同学。美术课上老师留了作业，让同学们画树。莲娜没有绿色的铅笔，卡佳却有两支，莲娜就向卡佳借。

　　卡佳很勉强，莲娜没有拿铅笔。上课的时候，老师问："莲娜，为什么你的树叶是蓝色的呢？""我没有绿颜色的铅笔。"卡佳说："我借她啦，可是她没拿。"老师说："如果不是诚心的，别人是不会接受的。"卡佳听了，低下了头。

45. 互帮互爱的小动物

　　雪这么大，天气这么冷，地里、山上都盖满了雪。小白兔没有东西吃了，饿得很，他跑出门去找。

　　小白兔一面找一面想：雪这么大，天气这么冷，小猴在家里，一定也很饿。我找到了东西，去和他一起吃。

　　小白兔扒开雪，嘿，雪底下有两个萝卜。他多高兴呀！

　　小白兔抱着萝卜跑到小猴家。敲敲门，没人答应。小白兔把门推开，屋子里一个人也没有。原来小猴不在家，也去找东西吃了。

　　小白兔就吃掉了小萝卜，把大萝卜放在桌子上。

　　这时候，小猴在雪地里找呀找，他一面找一面想：雪这么大，天气这么冷，小鹿在家里，一定也很饿。我找到了东西，去和他一起吃。小猴推开雪，嘿，雪底下有许多花生。他多高兴呀！

　　小猴带着花生，向小鹿家跑去。跑过自己的家，看见门开着，他想：谁来过啦？

他走进屋子，看见萝卜，很奇怪，说："这是从哪来的?"他想了想，知道是好朋友送给他吃的，就说："把萝卜也带去，和小鹿一起吃!"

小猴跑到小鹿家，门关得紧紧的。他跳上窗台一看，屋子里一个人也没有。原来小鹿不在家，也去找东西吃了。

小猴就把萝卜放在窗台上。

这时候，小鹿在雪地里找呀找，他一面找一面想：雪这么大，天气这么冷，小熊在家里，一定也很饿。我找到了东西，去和他一起吃。小鹿推开雪，嘿，雪底下有一棵青菜。他多高兴呀!

小鹿提着青菜，向小熊家跑去。跑过自己的家，看见雪地上有许多脚印，他想：谁来过啦?

他走近屋子，看见窗台上有个萝卜，很奇怪，说："这是从哪来的?"他想了想，知道是好朋友送来给他吃的，就说："把萝卜也带去，和小熊一起吃。"

小鹿跑到小熊家一看，大门锁着。屋子里没有人。原来小熊不在家，也去找东西吃了。

小鹿就把萝卜放在门口。

这时候，小熊在雪地里找呀找，他一面找一面想：雪这么大，天气这么冷，小白兔在家里，一定也很饿。我找到了东西，去和他一起吃。

小熊推开雪，嘿，雪底下有一个白薯。他多高兴呀!

小熊拿着白薯，向小白兔家跑去；跑过自己的家，看见门口有个萝卜，他很奇怪，说："这是从哪来的?"他想了想，知道是好朋友送来给他吃的，就说："把萝卜也带去，和小白兔一起吃。"

小熊跑到小白兔家，轻轻推开门。这时候，小白兔吃饱了，睡得正甜哩。小熊不愿吵醒他，把萝卜轻轻放在小白兔的床边。

小白兔醒来，睁开眼睛一看："咦! 萝卜回来了!"他想了想，说："我知道了，是好朋友送来给我吃的。"

46. 果冻小人

有个果冻小人儿叫尼雅，最爱帮助人了。

有一次，果冻小人儿去找小鸟玩儿，发现小鸟正在发烧。于是，果冻小人儿说："小鸟，你用舌头舔一舔我就会好受一些。""不行不行，那样，你会融化的。"小鸟说。

果冻小人儿坚持要小鸟舔一舔自己，幸好这时小鸟妈妈带着啄木鸟医生回来了，果冻小人儿才没有坚持那样做。

47. 兔子的友谊

兔子把脚给扎破了，整整一个星期不能走动。刺猬便用身上的刺替兔子背来了浆果、菜叶子，送来了许多干粮，直到兔子痊愈。于是兔子说："谢谢你，刺猬。让我与你交个朋友，同意吗？"

"当然行，"刺猬说，"好的朋友就该结交。"

一天，兔子上刺猬家做客，路上碰见了小松鼠，便停下和小松鼠打招呼。

"你最近在干什么活儿？"松鼠问兔子，"我可不喜欢懒汉。"

"哎哟，小松鼠，你这身皮毛真是太漂亮了，背上还有一些暗色花纹。让我与你交个朋友好吗？我和刺猬交过朋友，可我不喜欢它，因为它是个多刺的家伙。"

"好吧，"松鼠说，"不过今天我还有许多工作，改天再谈吧！"

"哎，松鼠，你腮帮子怎么鼓鼓的，牙痛吗？"

"不，那是核桃。"

"核桃？在哪儿？"

"在我嘴里。"

"你总是含着核桃过日子吗？"

"怎么会呢？我得把它们去壳、晒干，然后放入我们的小仓库，预备着过冬。我得走了，以后再和你闲聊，现在我们大伙在收集核桃。"过了一星期，兔子到松鼠家做客，路上遇到了黄鼠，兔子便上前说："瞧你多棒，能像个木头撅子似的直站着，我和松鼠交过朋友，可它太严肃了。还是和你交朋友好，行吗？"

"交朋友就交呗！"黄鼠同意了。

"刚才你为什么吹口哨？"

"我喜欢呀！"

"教教我好吗？"于是黄鼠花了很长的时间在那儿努力教兔子吹口哨，最后黄鼠挥挥手说："你这样可不行，应该吹，可你总'吱吱'尖叫。"

"你吹得不也和我一样吗？"

"好吧，既然你会了就吹去吧！"黄鼠有些生气，说着便钻入了洞穴。

一天，兔子在池塘边看见了小狗。

"哎，小狗，等等我！"

"叫我干吗？"小狗问，"有什么事说快些，我忙着呢！"

"你在干吗？"

"我得去看护那群鹅。"

"是这样。对了，你怎么这般长毛蓬松的模样？"

"我生来就这样。"

"我真喜欢你，"兔子说，"我和刺猬交过朋友，后来又与松鼠交了朋友。现在我不想与它们交朋友了，你比它们都好，和我做朋友好吗？"

小狗看了看兔子，然后生硬地说："不，我不想与你做朋友。"说着就朝池塘的另一个方向跑走了。

"为什么小狗不愿与我交朋友？"兔子感到很惊讶。

小朋友们，你们知道吗？

48. 孤零零的狐狸

黄牛看见狐狸在树下"呜呜"哭泣，问他为什么悲伤。

狐狸抹了一把眼泪，说："人家都有三朋四友，唯独我孤零零的，心里难受哇！"

黄牛问："花猫不是你的朋友吗？"

狐狸叹口气，说："花猫与我交友一年，没请过我一次客，这算什么朋友？我早跟他散伙了！"

黄牛又问："山羊不是你的朋友吗？"

狐狸摇摇头，道："山羊与我结拜半年，从未给过我一分钱的好处，还是啥朋友？我早跟他断绝往来了！"

黄牛长叹一声，再问："听说你跟大黑猪的关系还可以？"

狐狸气得直跺脚，说："我早把他给蹬了。你想想，大黑猪能帮我什么忙？当初我根本就不该认识那个蠢家伙！"

黄牛戏谑地一笑，调侃地说："狐狸先生，我送你一样东西吧！"

狐狸眼睛一亮，止住哭："什么？"

黄牛扭过头，扔下一句："可悲！"说完，头也不回地走了。

49. 充满爱心的"药王"孙思邈

孙思邈（581～682 年），唐代医学家。京兆华原（今陕西耀县）

人。少时因病学医，对医学有较深研究，并博览群书，兼通佛典。

孙思邈出生在一个穷苦人的家里。他小时候体弱多病，父母不得不带着他到处借钱求医，终于治好了病。他看到不少乡里人因为家里穷，生了病没钱治而绝望的死去，心里非常难过。他说："救活一条命是多么重要啊！人的生命只有一次，死了就不能复生，比黄金贵重得多。金子可以慢慢地挣到，人的生命千金也买不到啊！"他下决心钻研医学，立志要拯救千百万病人的生命。

孙思邈刻苦学习，很快就成为一位学识渊博的医生，他的名声渐渐传到京城长安。隋文帝召他入朝，给朝廷里的官员看病。孙思邈借口有病推辞了。后来唐太宗又召他入朝，答应给他爵位，唐高宗让他做谏议大夫，他都一口回绝了。他想永远留在民间，给那些没有钱治病的老百姓服务。

孙思邈的针灸技术很高明。有个病人说他的大腿有一个地方十分疼痛，连腰都不能弯。孙思邈给他开了一剂药，没有效果，就决定给他针灸。可是，一连扎了好几个穴位，病人还是说痛。孙思邈想，人的身上有 365 个穴位，是不是除了这些穴位之外，还有其他的穴位没有被发现呢？他决定仔细地寻找一下。他一边用手在病人身上轻轻地按掐，一边问："这儿痛不痛？"他按掐了许多部位，病人总是摇头，他继续耐心地寻找着。当他按到一个部位的时候，病人忽然大叫起来："啊……是，就是这儿！"孙思邈就在病人说痛的地方扎了一针，病人很快就不痛了。这个穴位医书上没有记载，孙思邈根据病人说的"啊……是"，把这个穴位定名为"阿是穴"。因为这个穴位没有固定的位置，哪里疼痛，就在哪里针灸。后来，人们就把随着疼痛点而确定的穴位，都叫做"阿是穴"。

孙思邈一生在医药学方面做出了许多杰出的贡献，他系统的整理收集了 6500 多个药方，长期居住民间，为百姓治病，潜心研究，治愈了大脖子病、夜盲症、脚气病等当时的疑难病症，并对针灸、养生、食疗、炼丹等作了研究。后世的人们都非常尊敬他，称他为"药王"。

50. 缺乏爱心的财主

春秋时期，有一年齐国发生了严重的饥荒，庄稼颗粒无收，老百姓们都吃不上饭，有许多人饿死了，没死的也是饿得皮包骨头，到外面去逃荒要饭。

有个叫黔敖的财主，家里囤积了许多粮食。看到今年的灾情这么严重，他手下有个人就向他提议说："外面的饥民都是好多天没有吃饭的，您要是熬点稀粥给他们喝，他们就会对您感恩戴德，您一定能得到一个好名声。"

黔敖听了，觉得很有道理，就真的在路旁架了口大锅，熬了稀粥，施舍给那些路过的饥民。那些饥民们一个个都饿得受不了了，见黔敖施舍稀粥，对他都是千恩万谢的。黔敖心中也很得意，觉得自己简直就是这些人的救命恩人，忍不住就趾高气扬起来。

这时，又有一个饿汉走了过来，只见他用破烂的衣袖掩着脸，脚上拖着一双破鞋，走起路来东倒西歪的，浑身没有一点力气。一看就知道，他肯定也是好几天没有吃过东西了。

黔敖见了，就用勺子敲着锅沿，对那个人叫道："喂！过来吃吧！"语气中充满了居高临下的得意。

没想到，那个饿汉对锅里的稀粥看都不看一眼，只是扬起脸，把目光注视着黔敖，说："我就是因为不吃这种轻蔑地呼唤别人来吃的东西，才饿成这个样子的。我宁可饿死，也不会吃的！"

饿汉说完，头也不回地走了。最后，这个人真的饿死了，一直到死，他也没有吃一口那些轻蔑地让他去吃的"嗟来之食"。

黔敖万万没有想到，自己的善意会伤害到饿汉的自尊心，假如他的态度比较谦和，悲剧也就不会发生了。看来自己不喜欢的事情，还是不强加给别人为好，正所谓"己所不欲，勿施于人"。

51. 借壁偷光

战国时期，甘茂受到排挤，想让苏秦替自己游说秦王，又怕苏秦不干，就问苏秦："先生听说过'借壁偷光'的故事吗？"

苏秦说："没听过。"

苏秦是个绝顶聪明的人，一听就知道甘茂想要自己帮助他游说秦王，心想：帮助了甘茂对自己不但无害，反而有益。

但是苏秦却假装不知道，问甘茂："那你就给我讲一下这'借壁偷光'的故事吧！"于是甘茂讲起了故事：

"从前，长江边上住着一群姑娘，她们白天乘船打鱼，晚上聚在一间屋子里做针线活儿，大家共同出灯油。"

"有一个姑娘家里很贫困，出不起灯油，也常和大家混在一起借光做针线活儿。"

"其他的姑娘觉得她占了大家的便宜，不合理，就商量把她赶走。

那个穷困的姑娘，看出了大家的意思，决定离开她们。"

"姑娘在临走时对她们说：'我因为拿不出灯油，所以常常先来把屋子打扫干净，把坐席铺好，让你们都能舒舒服服地做针线活儿。你们何必吝惜这照在四壁上的余光呢？这点余光，不用也就浪费了。你们让我借点光，对你们有什么损害呢？我觉得我对你们还是有些好处的，为什么一定要赶我走呢？'"

"姑娘们一商量，认为她说得对，就留下了她。"

苏秦听他把故事讲完以后，就对他说："我要先帮助你在齐国受到重用，然后再去游说秦王。"后来，甘茂在苏秦的帮助下，果然受到了齐国的重用。

苏秦又游说秦王说："甘茂是位贤才，对秦国的内情、山川险阻了如指掌。他如果凭借齐国的势力，联合韩国、魏国，回过头来算计秦国，这是对秦国最大的不利！"

秦王说："那可怎么办呢？"

苏秦给秦王出了个主意，秦王就任命甘茂为秦国的上卿，安排他留住在齐国。

52. 宽厚待人的许容

清朝弘治年间，浙江人许容善于写文章，十分有名。但是他十分谦虚，从不拿自己和有才能的人相比，更不敢与古代的圣贤媲美。

当时学校测试士子，许容的一个朋友偷了他的文章，得到了第一名。他的朋友得意忘形，见人就吹嘘，甚至还在原作者许容面前自夸。许多朋友都为许容感到不平，想当面斥责那个无耻的人。许容却极力劝阻大家："文章的遭遇，关系着一个人的命运。他的命运该当第一，与文章有什么关系？何况那篇文章的确不是我写的，你们不要误会了。"那个偷他文章的朋友听说后，光着膀子跑来向许容认错，并再次向他索求文稿。许容将自己最好的文稿给了他。

后来的考试中，得到许容文稿的那个朋友凭借该文章居然考上了进士，而许容却名落孙山。后来，友人做了山东滕县尹，许容正好北上赴考，路过滕县，停船休息，友人外出拜见客人，看到许容假装不认识。回到县衙后，让人四处驱逐浙江人，不允许浙江人在县境内停留，目的想赶走许容，怕许容说出文章的真相。许容原来没有停留访友的心思，只好一笑了之。

许容到京城后，考中进士，被皇帝钦点为山东巡抚，正好是他那个朋友的顶头上司。他的朋友无颜来见许容，就上书告病。仁厚的许容却安慰这位朋友，始终不提先时的文章和滕县驱逐的事情，对待他仍然像刚相识时一样友好。

53. 代友受刑

有个年轻人触犯了国王，被判绞刑，在某个法定的日子里将被处死。年轻人是个孝子，在临死前，他希望能与远在百里之外的母亲见最后一面，表达他对母亲的歉意，因为他不能为母亲养老送终了。

国王感其诚孝，决定让这个人回家与母亲相见，但条件是他必须找到一个人来帮他坐牢，否则，他的这一愿望只能是镜中花，水中月。但是，有谁肯冒着杀头的危险替别人坐牢，这岂不是自寻死路吗？

然而在茫茫人海中，就有一个人不怕死，而且真的愿意替别人坐牢，他就是年轻人的朋友达蒙。达蒙住进牢房后，年轻人回家与母亲诀别。

人们开始静观事态的发展。

时间如水般流逝，年轻人一去不回头。眼看刑期在即，年轻人也没有回来的迹象。一时间人们议论纷纷，都说达蒙上了年轻人的当。行刑当日是个雨天，当达蒙被押赴刑场时，围观的人都在笑他的愚蠢，幸灾乐祸的大有人在。但刑车上的达蒙，不但面无惧色，反而有一腔慷慨赴死的豪情。追魂炮已经点燃了，绞索也已挂在了达蒙的脖子上。胆小的人紧闭了双眼，他们在内心深处为达蒙深深惋惜，并憎恨那个出卖朋友的小人。就在这千钧一发之际，年轻人飞奔而来，他喊着："我回来了！我回来了！"

这真是人世间最感人的一幕。人们都以为自己是在梦中，但事实不容怀疑。这个消息宛如长了翅膀，很快便传到国王的耳中。国王亲自赶到刑场，他要亲眼看一看自己优秀的子民。最终，国王喜悦万分地为年轻人松了绑，赦免了他的罪行。

54. 旅行者

有一次，冒险家杰夫和一个旅伴穿越高高的阿尔卑斯山的某个山峰时，看到在雪地上躺着一个人。杰夫想停下来帮助那个人，但他的同伴说："如果我们带上这个累赘，我们就会丢掉自己的命的。"但杰夫不能想象丢下这个人，让他死在冰天雪地之中的情景，于是他决定带这个人一起走。

当他的旅伴跟他告别时，杰夫把那个人抱起来，放在自己背上，他使尽全身力气背着这个人往前走。渐渐地，杰夫的体温使这个冻僵的身躯温暖起来，那个人活过来了。过了不久，那个人恢复了行动能力，于是两个人并肩前进。当他们赶上那个旅伴时，却发现他已经死了——是被冻死的。

原来，杰夫背着人走路，加大了运动量，保持了自身的体温，和那个人一起抵御了寒冷，所以他幸运地活了下来。

55. 幸福的秘诀是什么

那个老头慢腾腾地走进了饭店。他昂着头，身体微微前倾，挂着结实的藤条拐杖，不紧不慢地迈着步子。

他那破破烂烂的上衣、打满补丁的裤子、露出脚趾的鞋子和他脸上温和的笑容，使他在星期六早晨就餐的人群中格外显眼。最让人难忘的是，他那闪着钻石般光芒的蓝眼睛、深红色的宽脸庞和薄薄的嘴唇边挂着的一丝不易察觉的笑意。

他停下来，转过身体，对坐在门口的一个小姑娘眨了眨眼睛，小姑娘咧开嘴给了他一个甜甜的微笑。

老头进来的时候，一个叫玛丽的年轻服务员正靠在工作台上想着心事。就在头天晚上，经理把所有的服务员召集到一起开会，饭店的总裁乔治·沃克先生将亲临饭店视察，到时候他会问大家一个问题：幸福的秘诀是什么？请所有人做好准备。

"究竟该怎样回答呢？"玛丽思考着。这时，她看到老头慢慢地向靠窗的一个位子走去。

玛丽跑到他身边说："先生，让我帮你挪椅子吧？"

老头没说话，微笑着向玛丽点头致谢。玛丽扶着他的一条胳膊，帮助他慢慢移到椅子的前面，使他能够舒舒服服地坐下来。然后，她迅速跑向邻近的桌子，把老头的拐杖靠在他够得到的地方。

老头用柔和、清晰的声音说："谢谢你，小姐。你真是个善良的姑娘，愿上帝保佑你。"

"不客气，先生。我叫玛丽，我先失陪一会儿，如果您需要什么，向我挥挥手就可以了。"

在老人享用完一顿由烤薄饼、熏肉和一杯热柠檬茶组成的丰盛早餐之后，玛丽为他找了零钱。他从衣兜里掏出一张纸币，折叠起来压在桌上的餐巾纸下面。她把他扶起来，离开桌子，把拐杖递给他，陪着他向门口走去。

她为他打开门，然后对他说："欢迎您经常来，先生。"

他转过身，微笑着点头致谢，温柔地说："你真是个善良的好姑娘。"

当玛丽回到桌子旁，准备开始清理时，她差点儿晕倒了。在他用过的餐盘下面放着一张名片，旁边的餐巾纸上写着一些话，餐巾纸下面是一张 100 美元的小费。

餐巾纸上写着：

亲爱的玛丽：

　　我非常敬重你，你是个非常自重的人，这都体现在你对待他人的方式上。不用我说，你已经找到了幸福的秘诀——那就是把善良的阳光播撒在每个人的身上，无论他是一个乞丐还是一个百万富翁。

乔治·沃克

56. 爱的感动

在北京，如果不知道怎么坐车，大家都会想到打"李素丽热线"。李素丽是北京公交站线的一名普通的售票员，但是她在平凡的岗位上默默奉献爱心的故事谁都知道。

"礼貌待客要热心，照顾乘客要细心，帮助乘客要诚心，热情服务要恒心"，这是李素丽为自己定的服务原则。

"多说一句，多看一眼，多帮一把，多走一步；话到、眼到、手到；腿到、情到、神到"，这是李素丽对自己工作的要求。

李素丽售票台旁的车窗玻璃，一年四季进出站时总是敞开的。她说："这样我可以更好地照顾乘客。"即使下大雨，她也要把车窗打开，伸出伞遮在上车前脱掉雨衣、收拢雨伞的乘客头上。

李素丽习惯在车厢里穿行售票。车里人多，一挤一身汗，可她说："辛苦我一个，方便众乘客。"

她的车上设有方便袋，遇到堵车，就拿出报纸杂志，让乘客看一会儿，缓解焦急；看到有人晕车或不舒服想吐，她会赶紧送上一个塑料袋；遇有不小心碰伤的乘客，她的小药箱里有"创可贴"；姑娘们夏天穿着长裙上下车，她忘不了提醒往上拎一拎，以免让人踩上摔跟头。

李素丽售票台的抽屉里，放着一个小棉垫，这是特意为抱孩子的乘客准备的。小棉垫垫在售票台上，可以让孩子坐在上面。

李素丽在平凡的岗位上一待就是十几年。她的爱心感染了很多人，人们称她是"老人的拐杖，盲人的眼睛，外地人的向导，病人的护士，群众的贴心人"。

57. 爱让世界更美好

开班会了，班主任王老师给大家讲了一个真实的故事：一个男孩得了白血病。每天，他只能躺在病床上，看着天空中自由飞翔的小鸟，听着窗外边同龄孩子欢笑的声音。他的父母为了给他治病卖了房子，已经花费了 26 万多。现在，家里已经无法承担巨额的医药费用，男孩只能在家等待着生命慢慢地消逝。

含着眼泪听完这个故事，教室里寂静无声，没有人说话。

忽然，王静打破了沉默说："王老师，我把我的压岁钱捐给他。""我也捐。"教室里顿时沸腾起来。

刘朋递给老师 100 元钱说："工老师，这是我的捐款。"老师和同学都愣住了，在大家眼中他是个非常节约的孩子。"王老师，我捐 50。"这时候，嘉文走过来。"王老师，我忘记带了，只有 1 元钱的车费，先捐了。"同学们争先恐后地捐出了自己口袋里的钱。

王老师激动地说："孩子们，我很高兴你们都有一颗真挚的爱心。钱的数量并不重要，重要的是你们有了这种意识，我感到欣慰。因为有了爱，我们这个世界才如此美好。"

教室里响起一片掌声。

58. 享受生命的春光

四川省巴东县女护士王飞越身患绝症，生命即将走到尽头，她很想留一点什么给这个曾经让她温暖、让她懂得爱的世界。

可是她的全身已开始溃烂，捐赠遗体用于医学解剖和实验显然已经不太可能。一日，来探病的弟弟说，姐姐，你的眼睛好明亮哟！这句话提醒了王飞越女士，病床上的她顿时兴奋起来：我要捐献眼角膜！

她的遗愿立刻遭到丈夫和女儿以及亲友们的反对，沉浸在即将丧失亲人的巨大悲痛中的他们，无法理解王飞越的做法。他们在病床前，苦苦哀劝。面对劝说，病床上的王飞越也含泪诉说："这样做，可以让两个人重见光明，难道你们不能满足我这个小小的要求吗？"她支撑着写了申请书，求丈夫为她签字。

终于签字了，王飞越松了一口气。可癌细胞已经开始肆虐扩散，加之用药，造成全身水肿。如果水肿也造成眼角膜损伤，就会影响角膜移植手术的质量。她忍着痛，向医生提出，保护好我的眼睛，请不要用止痛药。

伤痛折磨着她，然而她更担心的是，一旦角膜受到损伤，她的捐献计划将成泡影。她提出请求：在她停止呼吸之前，现在就摘掉眼球。丈夫和女儿，还有医生护士们流泪了。守护在一边的眼科专家们也制止了她。

疼痛不断加剧，死神临近，王飞越的一只眼睛甚至已不能闭合。

114

她知道，生命已无法挽留。她最担心的是眼球的完好无损，为此不断地发出新的请求，而且态度十分坚决：拔掉氧气管，拔掉氧气管！

拔掉氧气管，意味着放弃呼吸，放弃生命，放弃这个美好的世界。丈夫和女儿泣不成声。这样的请求没有被采纳，她就以拒绝治疗来抵制。她如愿了，氧气管终于被拔掉了。但接着，她又提出新的请求，拔掉输液管。这一次，周围的人沉默了，彻底尊重了她的意愿。

生命之花终于凋零，只有她的眼角膜被保留了下来。而且其中的一只眼角膜，竟让3位病人重见光明。共有4位患者，包括年轻人和老人，分别承接了她的光明。这位从未走出过县城的女士，将光明播撒到南疆北土，播撒到遥远的地方……

她有一段临终录音，那是对承接她光明的人说的："你好，我不知道你姓什么叫什么，我祝福你，希望你重见光明，尽情享受春光。"

59. 真诚的爱心

哈杰·厄斯金是一个出生在贫穷人家的孩子。一天，一个可怜的老妇人上门乞讨，小哈杰的母亲竟毫不犹豫地将准备晚餐的几个便士，全部赠给了这个可怜的老人。当时，哈杰极其不理解，站在门旁用惊讶的眼神看着母亲，喃喃地说："我们今晚吃什么啊?"

母亲抚摸着小哈杰的头说："孩子，我们一天不吃晚饭没有关系，可是这个可怜的女人，如果再拿不到一个便士，就有可能在这个饥寒交迫的夜里死掉的。好孩子，你一定要记住，人要用一颗博大而真诚的爱心去帮助别人，那他会得到快乐和心中的安宁。"在母亲的这种一心向善的思想熏陶下，哈杰也在成长的过程中渐渐理解了母亲所说的"博大而真诚的爱心"是什么。

十几年后，哈杰·厄斯金也长成了一个心怀善念的小伙子。

一次，在朋友的化妆舞会上，他遇见了一位退役陆军上校的女儿劳拉·默顿。美丽的姑娘很快就被哈杰的英俊与善良所征服，两个年轻人坠入了爱河。但上校却因为哈杰的贫穷而不允许他们结婚。上校告诉哈杰："孩子，当你拥有 1 万英镑的时候再来找我吧，那时我们再谈你们结婚的事情。"

1 万英镑！这对哈杰来说，简直是个天文数字。当时，哈杰的无奈与伤感，让他的朋友们很为他担心。

一次，哈杰到一个画家朋友家去散心，朋友正在画一张乞丐画像。给他做模特的是一个老乞丐，弓腰驼背，满脸皱纹，身上穿的衣服破旧不堪，一手拄着粗糙的木棍，一手伸出帽子做讨钱状。哈杰不禁动了恻隐之心，特别是当他听说朋友一小时只付给老乞丐 10 便士的报酬时，更是有些不平。他一刻也不想在这样吝啬的朋友面前待下去了，于是，从口袋里摸出自己仅有的 1 英镑金币，塞到老乞丐的手中，只说声"再见"转身就离开了……

第二天早晨，哈杰正在吃早饭，一个人来见哈杰，他说自己是大富豪古斯塔弗·纳尔丁先生的信使，他把手里的一封信交给哈杰后就告辞了。哈杰满腹狐疑地打开信一看，只见上面写道："给哈杰·厄斯金先生和劳拉·默顿小姐的结婚礼物。一名老乞丐敬上。"信封里还有一张 1 万英镑的支票……

看着这仿佛从天而降的支票，哈杰立即想到了昨天在朋友家见到的那个老乞丐，难道他就是纳尔丁先生？他立即来到朋友家想问个究竟。朋友告诉哈杰说："你走后，我就把你的不顺利的爱情告诉了那个'老乞丐'，他就是纳尔丁先生。其实，他来做模特，并不是想来挣钱，只是突发奇想，想看看自己如果是个乞丐会是什么样子。特别是当纳尔丁先生知道你正为 1 万英镑发愁，却又毫不吝啬地把自己仅有的一个英镑施舍给他这个'穷人'时，老人感动了，他说：'这样善良的年轻人，完全应该得到他想得到的幸福！'"

60. 带着温馨的 20 元钱

少年哈桑一直期望着能看一场马戏，一天父亲终于答应了，带着他去排队买票。售票处的队排得很长，排了老半天，终于在他们和票口之间只隔着一个家庭了。

这个家庭给人的印象很深刻，有 8 个 12 岁以下的小孩，他们穿着廉价的衣服，但全身都干干净净的。排队时，他们两个两个成一排，手牵手跟在父母的身后，"叽叽喳喳"地谈论着小丑、大象，想必今晚是他们生活中最快乐的时刻。

轮到他们了，卖票女郎问这个父亲："你要多少张票？"他神气地回答："请给我 8 张小孩、2 张大人的票，我带全家看马戏。"

售票员报出了价格。这个父亲的嘴唇颤抖了，他倾身向前问道："你刚刚说是多少钱？"售票员又报了一次价格。这人的钱显然不够，但他怎能转身告诉那 8 个兴致勃勃的小孩，他没有足够的钱带他们看马戏？

哈桑的父亲目睹了这一切。他悄悄地把手伸进口袋，把一张 20 元的钞票拉出来，让它掉在地上。然后，他又蹲下捡起钞票，拍拍那人的肩膀说："先生，这是你口袋里掉出来的！"

这人直视着哈桑父亲的眼睛，用双手握住哈桑父亲的手，嘴唇颤抖着，泪水滑落脸颊，说道："谢谢，谢谢您，先生，这对我和我的家庭意义重大！"

那晚，哈桑没有去看马戏，而是随父亲回了家。他们此行也不是徒劳的，相反却收获了一份善心回报的快乐。

61. 怎样开启易拉罐

许多年前的一个夏天，在一列南下的火车上，一位满脸稚气的男青年倚窗而坐。他是个农村娃，一件崭新的白色半袖衫掩盖不住黝黑的皮肤。在此之前，他连火车都没坐过，他要到南方去上梦寐以求的大学。男青年对面的座位上，坐着一对母子。

车厢内闷热异常，男青年感到口渴难耐。

"方便面、健力宝、矿泉水！"乘务员大声叫卖。

健力宝？男青年知道，这是一种极奢侈的饮料。读高中时，班里有钱的同学才喝得起。爸妈从来没给自己买过。如今，他要到外地上学了，衣兜里有了些许可以支配的零花钱。犹豫再三，他终于从衣兜里摸出一张皱巴巴的 5 元钱，递给乘务员。

男青年不知如何开启这桶饮料。他把健力宝拿在手里，颠来倒去看了看。最后，他把目光定在了拉环的位置。迟疑了一会儿，他从腰间摸出了一把水果刀，企图在拉环的位置把健力宝撬开。撬了两下，发觉易拉罐的壳很坚硬，便停下了手中的水果刀，又把目光盯在了拉环处。这时，却听见对面的妇女对她儿子说："童童，快把健力宝给妈妈拿过来。"小男孩说："妈妈，你刚喝过水，怎么又渴了？""快！听话！"小男孩便站在车座上，把手伸进了车窗旁边挂着的塑料袋。

妇女把健力宝拿在手里，眼睛盯在拉环上，余光注视着男青年，只听"嘭"的一声，健力宝打开了。随之，车厢里又传出"嘭"的一声响，男青年的易拉罐也打开了。妇女微微地笑了一下，喝了一口就把自己的健力宝放在了茶几上。显然，她并不渴。

许多年后，男青年参加了工作，却仍对这件事记忆犹新。他感激那位善良的中年妇女。她为了不使他难堪，没有直接教他易拉罐的开启方法，而是间接地完成了这一过程。妇女的举动是一种小小的善举。

男青年把这种感激化做了更多"小小的"善举，带到了社会的每个角落。

那位男青年就是我，那年我18岁。

62. 爱心为首

有个年轻人去参加一家公司的招聘面试。

面试地点在该公司大楼的一楼。很快地，这年轻人便回答完了主试者提出的所有问题。最后，主试者让他去10楼的老总办公室进行最后的面试，还关照地说："很抱歉，我们这幢楼的电梯今天坏了，所以只好辛苦你从楼梯上去了。"

年轻人走到7楼。在楼梯的转角处，他看见一个头发花白、一身勤杂工穿着的老人，正手提水桶吃力地也在上楼……他就上去接过了老人手中的水桶，说："来，大爷，我来替您拎吧。""可是，我这一直要拎到15楼，不影响你办事吗?"老人说。"没事，"年轻人毫不犹豫地回答，"我可以给您拎到那儿后再办自己的事。"

就这样，年轻人拎着水桶，与那老人一前一后地上楼，到了10楼的时候，后边的那个老人突然上来拍了拍年轻人的肩膀，说："小伙子，祝贺你，你已经被本公司正式录用了，我就是公司老总。"老人继续说，"别的人都对我视而不见，所以我实在无法理解他们的为人，而你却以你的爱心，明明白白地告诉了我你是怎样的一个人!"

爱心真的是一个人必须具备的，否则，你至少会失去许许多多通向成功的机会。

63. 一个人的最后温暖

她是一个孤儿，一直跟着奶奶长大。

上了高中之后，需要上晚自习，很晚才能回来，途中要走一段曲折幽深的小巷。尽管她一再表示自己什么也不怕，可奶奶还是不放心，每晚都在路口等着接她回家。就因为这个，她不想上学了。那天，奶奶为了接她滑倒在路上，如果不是抢救及时，奶奶就没命了。所以她一直有辍学的想法。

这天，她刚转过路口，就看见了奶奶。同时，她还发现一位老人在那里摆摊修车。她和奶奶走的时候，老人也收了摊，不紧不慢地跟在她们后边一起往回走。

后来，她知道老人有些跛足，就住在离她家不远的后街。老人人很好，而且一般在她放学的时候才收摊，于是奶奶把她交给了老人。每天很晚的时候，这一老一少回家的欢声笑语就回荡在这悠长的巷子里。从那以后，她再没想过辍学。

后来，她上了大学。再后来，她有了不错的工作。那年冬天，她回去看望奶奶，听说后街的那位跛足老人去世了。她前去吊唁，悲戚地对老人的女儿说："你父亲可是位好修车师傅啊！"老人的女儿并不认识她，说道："我父亲哪里会修车啊，刚退休的那一年，他在晚报上看到一则故事，就说什么也要去街口修车。"她突然想起几年前，自己曾在晚报上发表过一篇文章，提到过那条长巷给自己带来的烦恼。她问："您父亲是不是怕故事中那个女孩辍学，以修车收摊为由送女孩回家？"老人的女儿点点头。她"哇"地一声哭出来。此刻她觉得，整个世界都被老人的一颗心温暖了！

64. 爱心无价

一个风雪交加的夜晚，医生托尔的汽车不小心陷进了泥坑，怎么也出不来了。托尔环顾了一下周围，前不着村，后不着店。连个人影、灯光都看不见。他忍不住抱怨起来："这鬼天气，难道我要冻死在这儿不成吗？上帝啊！"

正在托尔为自己的处境备感焦急的时候，他突然听到了一阵马达声。紧接着，看到前方驶来了一辆满是雪花覆盖的卡车。他赶紧跳下车，用力摆着手，示意卡车司机停车。

听了托尔的处境，卡车司机二话没说，用自己的卡车将陷在泥坑中的车拉到了正路上。但很不幸的是，托尔的汽车发动不起来了。卡车司机给家里人打了个说明电话，然后，用自己的车将托尔还有他的那辆"罢工"的汽车，拖到了前面小镇上的修理厂里。

为了表达自己对卡车司机的感谢之情，托尔拿出一大笔钱送给他。可卡车司机说："嗨，朋友，谁碰到你这种情况，也会帮忙的。我不要求有什么回报，但我要你给我一个承诺。当别人有困难的时候，你也能尽力去帮助他。"

在后来的日子里，托尔记着自己的承诺，帮助了许许多多的人，并且将卡车司机对他的要求同样告诉了他所帮助的每一个人。

几年后，托尔被一次骤然发生的洪水围困在一个小岛上，一位少年帮助了他。当他表示感谢时，少年说出来的话是："我不要求回报，但你要你给我一个承诺……"

托尔知道，有一种叫爱心的东西已经深深扎根在很多人心中，并相互传递着。

65. 一夜改变一生

很多年前，在一个暴风雨的傍晚，有一对老夫妇走进一家旅馆的大厅要订房。

"很抱歉！"柜台里年轻的服务生说，"我们这里已经被参加会议的团体包下了。而且据我所知，附近的旅馆都已客满了。"

看着老夫妇一脸的遗憾，服务生赶紧说："如果你们不嫌弃的话，可以在我的房间里住一晚，那里虽然不是豪华套间，却十分干净，我今晚要在这里加班工作。"

第二天一大早，一位老先生下楼来付住宿费，那位服务生依然在当班，但他拒绝接受。老先生说："你这样的员工是每一个老板梦寐以求的，也许有一天我会为你盖一座旅馆。"

又过了几年，那个柜台服务生依然在那家旅馆上班。有一天，服务生忽然接到老先生的来信，老先生邀请他到曼哈顿见面，并附上了往返机票。

几天以后，服务生来到了曼哈顿，在第五大道和 34 街之间的豪华建筑物前见到了老先生。老先生指着眼前的建筑物说："这就是我专门为你盖的饭店，我以前曾说过的，你还记得吗？"

"您在开玩笑吧？"服务生不自信地说。老先生很温和地说："我认为你是经营这家旅馆的最佳人选。"

这家饭店就是美国著名的涅道夫·爱斯特莉亚饭店的前身。这个服务生就是饭店的第一任总经理乔治·郝伯特，他做梦都没想到，自己用一夜的真诚换来的竟是一生辉煌的回报。

66. 善良的回报

100 多年前一个春光明媚的下午，在英国一个乡村的田野里，一位贫苦的乡下人正在自家的田里耕作，忽然听见河边传来救命的呼叫声。他快步奔向河边，看见一个少年正在河里挣扎，便奋不顾身地跳进河里救起那位险些儿没了命的少年。事后才知道他是贵族世家的儿子。过了几天那位贵族亲自登门向乡下人道谢："朋友，你这样好心，应该有好报。你尽管说，看可有什么用得着我帮忙的。"乡下人摇着头连声说："没有，没有。"他认为天地间哪有见死不救之理，他坚信助人图报非君子。

那位贵族除了敬佩乡下人的节操之外，还是觉得过意不去。就在这个当口，乡下人的儿子回来了，那位贵族说："哦，有了。要不然我把你的孩子，带到伦敦去接受高等教育吧?"

乡下人接受了他的建议，因为这正是他儿子求之不得的。他就让贵族把儿子送到伦敦去深造了。

后来，乡下人的儿子从伦敦圣玛丽医学院毕业了——他就是后来被英国皇家授勋封爵、荣获 1945 年诺贝尔医学奖的亚历山大·弗莱明，就是他发现的拯救了世界千百万人性命的抗菌药——青霉素。

在第二次世界大战期间，英国面临最艰苦岁月的过程中，那位曾经助弗莱明一臂之力的贵族的儿子，在伦敦患严重的肺炎，最后就是用青霉素医治好的。这个人就是英国首相丘吉尔。

乡下人救了贵族的儿子，贵族成就了乡下人儿子的学业；乡下人的儿子学成以后用他发现的药品又一次拯救了贵族儿子的生命。出于善良的回报总会收到意想不到的效果。好人终有好报！

67. 一杯水的温暖

10 年前，他还在深圳打工，整天帮人家掏下水道，走哪儿身上都一股下水道的异味，让人侧目。

深秋的一天，下着雨。他当时已掏好一家酒楼的下水道，雨大，回不去，就倚在酒楼的檐下躲雨。他抱臂转脸，隔着酒楼玻璃的窗，望着里面蒸腾的热气和温暖，一些人悠闲地在吃饭。他想，若是有一杯热热的茶喝那该有多好啊！他在心里面笑着对自己摇头，我怎么可以那样奢望呢？

这时，酒楼的门忽然开了，从里面走出一位服务员，服务员径直走到他跟前，彬彬有礼对他说："先生，您请进。"他愣住了，结巴着说："我，我，不是来吃饭的，我只是躲会儿雨。"服务员微笑着说："进来吧，外面雨大。"他拒绝不了那样的微笑，跟着进去了。

他暗地里想：是想宰我吧？我除了身上的破衣裳，什么也没有。他被引到一张椅子上坐定，另一个服务员端来一杯温开水，"先生，请喝水。"朋友不知道她们葫芦里卖的什么药，想：既来之，则安之。就毫不客气地端起茶杯，把一杯水喝得干干净净。服务员又帮他续上温开水，他则接着喝，喝的浑身暖暖的，额上渗了细密的汗，舒坦极了。

后来，雨停了，他以为那些服务员会来收钱的，但是没有。他走过去问服务员："白开水不收钱吗？"服务员微笑："先生，我们这儿的白开水是免费的。"那一杯白开水的温暖从此烙在了朋友的记忆里，每每谈及此事，朋友的眼里都会升起一片感激的泪花。

他后来从深圳回来发展，也开了一家酒楼。在酒楼里，他定下一条规定：凡是雨天在他檐前躲雨的人，都要被请到店里来坐，并且要给人家倒上一杯温开水。

世界的美好，就在一杯温开水之中。

68. 体验

学校组织了由 15 名学生组成的生存体验团，把他们送到上海锻炼半个月，发给每人 100 元的生存基金，看谁能在上海赚的钱最多，看谁的生存能力最强。

15 位都是临近毕业的大学生，他们的体力、智力和社交能力都经过学校的严格挑选，学校相信他们在上海会很快找到工作。

半个月后，大部分同学陆续回来了，而且都赚到了钱，最多的一位赚了 3000 元。他们从事的工作有家教、兼职文秘、网络公司职员、业务员甚至搬运工。大家收获都不小，连两位情急之下当搬运工的也赚了 600 元。

但有一位同学却没有在约定的时间回来，而是和学校通了电话。他说自己一分钱也没有赚到，现在在上海火车站，没有钱买车票，希望得到帮助。

学校马上派人到上海帮助他。那位同学已经在上海火车站待了两天，饿得面黄肌瘦，这个结局令人瞠目结舌。那位同学身体强壮，社交能力更不弱，为什么在半个月的时间内赚不到一分钱呢？他的遭遇让全体师生哗然。

事隔一个月后，一个上海人给学校寄来了一封信。信里请求学校帮他找一位在上海收留他智障父亲半个月、并历尽千辛万苦帮他父亲找到家的好心同学。学校马上开始寻找。没想到，这位助人为乐的同学竟然是打电话需要学校帮助的那位同学，全校师生又是一阵哗然。

原来，这位同学在到达上海的第二天，就遇到了一位老人，老人好像迷路了，又说不出家到底在哪里。于是他一直帮着老人寻找家人，给老人买水、买食物。整整半个月他都和老人在一起。白天，他在一家商店当派送员，用挣来的钱维持老人和自己的生活。晚上就帮老人寻找家人，工夫不负有心人，他终于帮老人找到了家人。

这个结果让大家感动不已，这个没有赚到一分钱最终需要帮助的同学，被学校评为最后的赢家。

69. 叶儿，叶儿，快快落

秋天，风呼呼地刮。金色的叶儿像小船，荡呀荡呀，最后落到地上。院里的王大爷每天早上都在院内扫落叶。"唉……"王大爷捶着发酸的腰。"王大爷，我来帮您。"楠楠从家里拿出一把大笤帚。"哟，小祖宗，只要你别在院里乱跑，就是帮了我的大忙。""不，我偏要。"楠楠的犟劲冒上来。"小祖宗，快回家吧。"王大爷连哄带拖把楠楠弄到房里。楠楠不高兴，小嘴撅得高高的。晚上，风住了。王大爷坐在沙发上喝酒，忽然听见"哗啦啦"的声音。咦，又起大风了。王大爷忙起身关窗户。怪呀，没有风吹进来？王大爷探头一瞧，原来楠楠握着一根长竹竿正在打树叶，嘴里还不停地说："叶儿，叶儿，快快落。"树叶已在楠楠的脚下铺得有一寸多厚。"小祖宗，你这是干啥!"王大爷扯着大嗓门喊，惊动了院里所有的居民。"你看这孩子，早上他要扫院子我没让，晚上就变法子害人。"王大爷向楠楠的爸妈抱怨。楠楠爸爸举起巴掌要打楠楠，楠楠妈妈抢过楠楠手中的竹竿。奶奶见了，蹲下身子，和蔼地问楠楠："你把叶子打得满地都是，明天王大爷多难扫呀！""嗯，我想让树叶快快落下来，一次扫掉，明天王大爷就不会把腰弯疼了。"楠楠噙着泪水说。"哦，原来是这样。"院子里的人都张着嘴。王大爷的嘴角也抽动了几下："都怪大爷不好。来! 大爷和你一起扫!"

70. 镜子

在一次电视台的综艺节目中，主持人正在向嘉宾提问："电梯里常会有一面大镜子，这镜子是干什么用的呢?"

那些嘉宾纷纷回答："用来检查一下自己的仪表。"

"用来看看后面有没有跟进不怀好意的人。"

"用来扩大视觉空间，增加透气感。"

经过一再提问而仍没得到正确答案后，主持人终于说出了非常简单的道理："肢残人摇着轮椅进来时，不必费力转身，就可以从镜子里看见楼层显示灯。"

嘉宾们都显得有点尴尬，其中一位抱怨说："我们怎能想到这一点呢?"

是呀，我们考虑问题时常会海阔天空，但不幸的是，无论思路如何开阔，我们往往还是从自己出发的。

71. 我还要回来

美国著名主持人林克莱特一天采访一名小朋友，问他："你长大后想要当什么呀?"小朋友天真地回答："嗯，我要当飞机驾驶员!"林克莱特接着问："如果有一天，你的飞机飞到太平洋上空，所有引擎都熄火了，你会怎么办?"小朋友想了想："我会先告诉坐在飞机上的人绑好安全带，然后我背上降落伞跳出去。"

当现场的观众笑得东倒西歪时，林克莱特继续注视着这孩子，想看看他是不是自作聪明的家伙。

没想到，孩子的两行热泪夺眶而出，这才使得林克莱特发觉这孩子的悲悯之情远非笔墨所能形容。

于是林克莱特问他："为什么要这么做？"孩子真诚地说："我要去拿燃料，我还要回来！我还要回来！"

刚才还笑得东倒西歪的观众，一下子都愣住了。

72. 大同学和小同学

最后一堂课是美术课，老师让同学们画大轮船。林林最喜欢画画，可今天却画了又擦，擦了又画，怎么也画不好。怎么搞的？林林心不定呀，说清楚一点，林林心里有点害怕呢。

刚才课间活动时间，林林和同学在一起玩。林林说："我们玩骑马吧。"可是谁也不愿意当"马"。朋朋年龄小，个子又矮，林林就说："朋朋你当马。"朋朋不肯，林林就抓住他，把他的头硬往下压。朋朋哭了："呜呜呜，你别跑，我叫我哥哥来揍你，呜呜呜……"他边哭边往五年级教室走去。后来，"当当当"上课铃响了。

你想：林林能不怕吗？朋朋的哥哥是大同学呀！林林想把这件事告诉老师，可自己理亏呀！老师要是知道了，肯定要批评自己，怎么办呢？

下课了，硬着头皮走吧。啊，不好！朋朋果真和一个高个子同学在校门口等呢。溜也来不及了，朋朋拉着那个大同学直朝他走了过来。

"你叫林林吧？"那个大同学问。

林林不吱声，他想：马上就要挨揍了。

"跟我来。"那个大同学发出了这样的命令。

林林像个俘虏一样，乖乖地跟着他们来到一间教室里，教室里的同学都走光了。那个大同学自己先坐了下来，然后对林林说："你坐下。"简直像个审判官。

林林想：他肯定是有意拖延时间，等老师都走了再动手。唉，林林后悔不该这么老老实实地跟着他们来。这下苦头是吃定了。

"林林，你说说今天这事谁不好？"那个大同学问。

"他就爱欺负小同学。"朋朋抢着说。

"谁让你说啦？"大同学把眼一瞪，朋朋不敢吱声了。乖乖，真厉害！

林林不敢赖了："是我，我不……不该欺负……朋朋……我……"

想不到，那个大同学高兴地说："好，能认错就好！"接着大同学又批评朋朋："你也有不对的地方，不该用哥哥来吓唬人。小朋友在一起，应该团结友爱，你说是不是，林林？"

林林难为情地点了点头。他想：以后，我再也不能欺负同学了！

73. 一顶帽子

苏珊是个可爱的小女孩。可是，当她念一年级的时候，医生却发现她那小小的身体里面竟长了一个肿瘤，必须住院接受3个月的化学治疗。

出院后，她显得更瘦小了，神情也不如往常那样活泼了。更可怕的是，原先她那一头美丽的金发，现在都快掉光了。虽然她那蓬勃的生命力和渴望生活的信念足以与死神一争高低，她的聪明和好学也足以补上被落下的功课，但是，每天顶着一颗光秃秃的脑袋到学校去上课，对于她这样一个六七岁的小女孩来说，无疑是件非常残酷的事情。

老师非常理解小苏珊的痛苦。在苏珊返校上课前，她严肃而郑重地在班上宣布："从下星期一开始，我们要学习认识各种各样的帽子。所有的同学都要戴着自己最喜欢的帽子到学校来，越新奇越好！"

星期一到了，离开学校 3 个月的苏珊第一次回到她所熟悉的教室。但是，她站在教室门口却迟迟没有进去。她担心，她犹豫，因为她戴了一顶帽子。

可是，使她感到意外的是，她的每一个同学都戴着帽子。和他们的五花八门的帽子比起来，她的那顶帽子显得那样普普通通，几乎没有引起任何人的注意。一下子，她觉得自己和别人没有什么两样了，没有什么东西可以妨碍她与伙伴们自如地见面了。她轻松地笑了，笑得那样甜，笑得那样美。

日子就这样一天天过去了。现在，苏珊常常忘了自己还戴着一顶帽子，而同学们呢？似乎也忘了。

74. 救人与自救

一场战争正打得激烈，上尉在阵地上指挥士兵们打退了敌人的一次次进攻。突然，阵地上响起了空敌防袭的警报。这时，一架敌机向阵地俯冲过来。上尉命令士兵们紧急就地卧倒。可是上尉并没有就地卧下。他发现四五米之外有一个小士兵仍然浑然不觉。他毫不犹豫，一个飞身鱼跃将小士兵扑倒，紧紧地压在自己的身下。

随着一声巨响，飞溅的泥土纷纷落在他俩身上，所幸的是他们安然无恙。

可是，等上尉回头一看，他顿时惊呆了：自己刚才所处的位置被炸弹炸成了一个大坑。

75. 呼唤爱心

有一幢灰暗陈旧的居民楼，由于年久失修，玻璃破碎，楼道黑暗，并且楼底垃圾成堆。

一天，一个小伙子来到这里，租下了底楼的一处房子。小伙子从来到这里的那一天起就整天乐呵呵的，他先是把门前的楼梯清扫干净，然后又把楼道的灯修好，系上一根拉绳，让进出楼道的人都能方便地开关。他还把整个楼道破碎的玻璃都一一换上。人们看到他如此大公无私，都感觉很难为情，不少人从家里拿来铁锹帮着他干起来，只用了一个上午的时间，整幢楼底下的垃圾便被清扫一空。

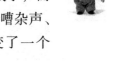

过了几天，小伙子居住的这个单元走廊的灯都渐次亮了，破损的窗户也都被人自觉地修好。人们也不再随随便便地扔垃圾了，而是很自觉地拎着垃圾袋投向垃圾箱。不仅如此，以前楼下的嘈杂声、楼上的狗叫声、孩子的哭闹声也少了许多，整幢楼仿佛变了一个世界。

另外，人们相遇时的目光也似乎和蔼了许多，邻里纠纷也绝了踪迹，整个社区处处洋溢着温馨与和睦。而所有这一切的改变，都来自于一个小伙子，来自于小伙子那颗爱心的呼唤。

76. 感恩之心

在美国，感恩节是个快乐的日子。

可在许多年以前，有一对年轻的夫妇却是以绝望的心情迎接它的到来的，因为他们太穷了，想都不敢想节日的"大餐"。看着心情糟透的父母大吵起来，儿子只能无助地站在旁边。正在这时，响起

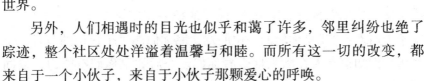

了敲门声。男孩看到门外站着一个满面笑容的男人，手里还提着一个大篮子，里头装满了各式各样过节用的东西。这家人一时不知道究竟是怎么回事。

那人说："这份东西是别人让我送来的，他希望你们知道还有人在关怀和爱着你们。"看着这份陌生人送来的礼物，夫妇俩推辞着。可那人把篮子捆在男孩子的臂弯里就转身离开了，临走时还留下一句温暖的话语："祝你们感恩节快乐！"

感恩之心在男孩的心底油然而生，他暗暗发誓：日后也要以同样的方式去帮助别人。

18 岁那年，男孩终于可以养活自己了。虽然他的收入很少，可在这年的感恩节，他还是花钱买了不少的食物，装作一个送货员，把这些食物送给了一个很穷的家庭。当他走进那个破落的房子时，前来开门的妇女警惕地盯着他。他对那位妇女说："我是受人之托来送货的，请你收下这些东西吧。"说着男孩从他那辆破车上取下了那些食物。孩子们高兴地欢呼了起来。"你是……上帝……派……来的使者！"那妇女语无伦次地说。男孩忙说："不，不，是一个朋友托我送的，祝你们感恩节快乐！"说完他把一张字条交给了这位妇女。字条上写着："我是你们的一位朋友，愿你们能过个快乐的节日，也希望你们知道有人在默默地爱着你们。今后如果你们有能力，请同样把这样的礼物送给其他需要帮助的人。"

这个年轻人怀着一个美好的心愿生活着、奋斗着，终于成为影响许多美国人心灵的大师，他的名字叫罗宾。

每个人在生活中，多多少少都得到过别人的帮助，接受过他人的恩惠，可我们是不是都用心记住了这些，并因此多了一份感恩之心呢？其实，如果我们能怀着感恩之心面对生活，那么即使处在最困厄的环境里，我们也能看到生命的绿洲，从而怀着更多的希望面对未来。感恩之心还是一颗美好的种子，假如我们不光懂得收藏，还懂得适时播种，那么我们就能给他人带来爱和希望，并因此挽救他们，或是改变他们的内心世界。

77. 一杯安慰

那是20世纪60年代的一个炎炎夏日的午后，在纽约郊外的一棵大树下，勤快的安德鲁正整理着农具。他是一个孤儿，受雇于这里的农庄主已经有两年多了，他很满意自己的这份工作，烈日也没有影响他愉快的口哨声。坐在那里，他一次次地张望着前面那大片金黄的麦田，心中充溢着一份巨大的成就感，仿佛那即将到来的丰收完全属于他自己，完全忘却了自己只是一个卑微的打工者。不知何时，一位老者蹒跚着从安德鲁面前走过，老者目光呆滞，神情抑郁，似乎揣着许多难言的心事。

"嗨，多好的阳光啊！"安德鲁不禁冲着老者喊道。

"是么？我讨厌这样叫人心烦的烈日。"老者烦躁地回敬道。

"先坐下来歇息一下吧！"安德鲁热情地邀请老者。

老者迟疑了一下，还是默默地接过安德鲁递过来的一个马扎，缓缓地坐到了树阴里。

"来一杯清凉的山泉水吧！"安德鲁拿起身边的水桶，热情地给老者倒了一杯水。

老者轻轻抿了一口水，眉宇舒展了一点点。

"怎么样？凉爽吧？这可是地地道道的山泉啊！"安德鲁得意地向老者讲述起自己如何走遥远的路、爬高高的山，才打回来如此甘甜的泉水。

老者似乎被安德鲁的话打动了，不禁又品尝了几口水，然后轻轻地点点头，但没有做任何的评价。

"这样强烈的阳光，庄稼长得才快呢。老伯，您说对吧？"安德鲁又满怀热情地向老者介绍起眼前那一片自己侍弄的庄稼。

"那些都是你自己的吗？"老者平静地问道。

"都是我帮主人种的，不过，那又有什么关系呢？那可都是我的劳动成果啊，只那么看着，就叫人心里很舒坦，就像喝着甘甜的泉水。"安德鲁一无掩饰的自豪。

"小伙子，谢谢你的水，你会收到一份丰厚的报酬的。"老者喝掉了安德鲁送上的一杯山泉水，起身朝山下走去。

第二年春天，安德鲁收到了一封陌生的来信。来信人告诉他——去年夏日曾喝过他一杯泉水的老人，原本因儿女骤然遇难离去、自己又身染恶疾，一度心灰意冷，准备将自己的几个农庄全部卖掉，悉数捐给慈善机构，然后便辞别人世。但那个炎热的中午，安德鲁那一杯清凉的水和他的乐观、热情，宛如一缕清风，拂去他心中的阴云，他决定好好地经营自己未来的日子，不管病魔留给他的时间还有多长。

这一年的冬天，安德鲁再次收到老人的来信，里面还有一份经过公证的遗嘱——老人将自己经营了一生的上万亩的农庄，全部无偿地赠给了安德鲁。因为他相信安德鲁会让那大片土地生长出更多的希望。

安德鲁果然没有辜负老人的期望，数年后，他成了美国赫赫有名的"粮食大王"。

就这样，一杯普通的山泉水，竟改变了一个人的命运。就像很多时候，往往只需一句简单而真诚的话语，便会温暖一颗孤寂、幽闭的心灵，并由此诞生许多美好的结局，甚至是人间的奇迹。

还有一个经典例子，说的是一场突如其来的大雨，让一位老妇人踱进了一个很小的店铺避雨。老妇人正有些过意不去地搜寻着想买点儿什么东西时，一个小伙子递给她一把椅子，并微笑着安慰老

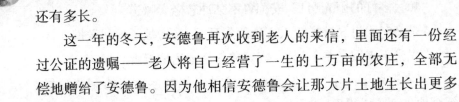

妇人："夫人，您不必为难，只管坐着休息就是了。"老妇人感激地坐了两个小时，雨过天晴后，她向小伙子要了张名片离去。

不久，好运降临到了这位名叫菲利的小伙子的头上——一封突如其来的推荐信，将他推荐到一家大公司担任了重要的职务，并由于他一贯的踏实与诚恳，使他很快成为仅次于"钢铁大王"卡内基的亿万富翁。

当年大力推荐菲利的人，正是他当初送上一把椅子的那位老妇人——卡内基的母亲。

事情就这么简单——往往只是由于一点儿小小的帮助、一次小小的关心。几句真诚的问候，甚至仅仅是一个阳光灿烂的微笑，因为有了爱意的充盈、抚摸，那温暖、温馨、美好的情愫便千百倍地扩散开来，许许多多的奇迹，便如春草般地生长起来，蓬蓬勃勃地诞生在我们熟悉的生活中。

78. 第 43 号生

班长张小露在锡山市泰丰小学四（2）班花名册的第 43 号学号的位置上，庄重地写上了一个大大的名字：王大智。从此，四（2）班 42 名同学的集体中，多出了一名学生。

这是一名特殊的学生。

全班 42 名同学都是同一个年龄：10 岁；他：16 岁。

全班 42 名同学都不超过一个身高：1 米 20；他：1 米 64。

全班 42 名同学都聪明伶俐；他，严重弱智。

全班 42 名同学都有亲爱的爸爸妈妈；他，因弱智被父母抛弃。

全班 42 名同学都度过了近 4 年的学校生活；他，一直住在社会福利院。

42 强烈地关注着 1；尽管 1 根本不知道世界上有个 42。

于是，42 走近了 1，把 1 请进了 42。42 变成了 43。

一个寻常的星期五，却又是一个不寻常的星期五。

一清早，刘宁宁和郑小影打了一辆出租车，去接王大智来泰丰小学。

路上，王宁宁告诉王大智：

"今天，你上学了！"

王大智似懂非懂，歪着脖子，斜着眼睛，含混不清地说出了一个对他来说是全新的词汇：

"上学。"

王大智被接进了四（2）班教室。他被安排在第一排正中的座位上。进门时，他听到了一阵热烈的掌声，看到了一片亲切的笑容。

周老师走上了讲台。她用甜美的声音说：

"王大智，今天请你和同学们一起上课，好吗？"

王大智望了望老师，笑了笑，像望着灿烂的太阳。

周老师说：

"王大智，请你说'上课'两个字，好吗？"

王大智又笑了笑，这回他笑出了声：

"呵呵，上课。"

他又听到了一阵热烈的掌声。他不由自主地回过头来，面对着 42 名同学，他又看到了一片亲切的笑容。

这堂课是数学课。

周老师在讲完了四则混合运算应用题后，专门为王大智讲了一道题。

周老师问：

"王大智，$42 + 1 = ?$"

王大智听不懂。他不懂 42 是多少，也不懂 1 是多少。他笑着看

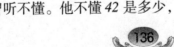

了看老师，又回过头笑着看了看全班同学。他答不出来。

周老师立刻说：

"王大智，你看，你面对的是 42 个同学，他们就是 42，你就是 1。42 加进一个 1，你想是多少？"

王大智高兴了，手舞足蹈起来，笑出了声：

"呵呵！呵呵！"

宋小雨站了起来，大声说：

"老师，让我告诉他吧。告诉他后，他会回答出来的！"

周老师点了点头。

"王大智，"宋小雨说，"你说，是'43'！"

王大智马上回过头来，望着老师大声说：

"43！"

周老师很激动，也大声说：

"你答对了。是 43！你就是咱们班的第 43 号学生！你答得好，我奖励你一面'小红旗'！"

王大智接过小红旗，高兴地举了起来，挥动着大喊起来：

"呵呵，43！"

他又听到了一阵掌声，掌声依然热烈。他回头面向大家，他又看到了一片笑容，但这次的笑容中闪动着许多泪花。

下午，班会开始了。

教室的黑板上写了一个大大的粉红色的字：家。

同学们今天坐的方式很特别：42 把椅子摆成了一个中国地图的轮廓，1 把椅子放在了锡山市的位置上。42 名同学面向内，坐成了"中国地图"，"锡山"的椅子让王大智坐了。

周老师站在"中国地图"的当中，她意味深长地说：

"你们和我，和所有的中国人，组成了一个中国地图。中国——就是我们的国家！"

同学们都自豪起来，王大智也自豪起来。

周老师问大家：

"王大智坐的地方，是什么地方？"

邓丽丽回答：

"是我们的锡山市！"

"对，是我们的锡山市。"周老师说，"那么，锡山市是我们的什么呢？"大家都在想。

姚娟说：

"是我们的家乡！"

周老师有些激动了，她说：

"在我们可爱的家乡里有一个四（2）班。四（2）班里 43 名同学互助互爱，就像兄弟姐妹一样。这又应当叫什么呢？"

这次大家异口同声：

"叫'锡山大家庭'！"

周老师更加激动了：

"同学们，在我们美丽的国家里有我们可爱的家乡，在可爱的家乡里有我们温暖的大家庭。今天，我们的大家庭里又增添了一位新的成员，因此我们的大家庭便又增添了一份温暖。让我们的心紧紧地连在一起吧！我提议，大家手拉起手，一起高唱我们的班歌——《家，温暖的家》吧！"

歌儿唱起来了，手儿拉起来了，43 名同学紧紧相拥在一起了，歌声和泪水交织在一起了……

班会的最后，班长张小露宣读了一项决定：

"从今天起，王大智是四（2）班第 43 号学生。今后每周五接他来和大家一起过一天学生生活。"

王大智不寻常的人生开始了。

四（2）班同学不寻常的童年开始了。

79. 咬了一口的汉堡包

一个雨天的早晨，我把孩子们送到学校后顺便去了一家快餐店，点了早餐。几张桌子上都是没有收拾的纸杯、盒子和法式炸土豆条。

一位年轻妇女与一个五六岁的小男孩走过来，他们坐下来。点菜时又进来一个人，背微驼，寻找残羹剩饭。当他拿起一根法式炸土豆条放到嘴边时，小男孩对母亲窃窃私语道："妈，那人吃别人剩的东西！"

"他饿了，又没有钱。"母亲低声地回答。

"我们能给他买一只汉堡包吗？"

"我想他只吃别人吃过的东西。"

当女服务员递给母子俩两袋外卖食品时，男孩突然从他的口袋里拿出一只汉堡包，咬了一小口，然后跑到那人坐的地方，把它放在了他面前的桌子上。

这个乞丐很惊讶，感激地看着，男孩转身、消失。

80. 美丽的吻

几年前，在西雅图残疾人运动会上，9 名参赛者全部是身体或者智力方面有缺陷的孩子。他们整齐地排在 100 米速跑的起跑线上。

接着枪声一响，所有的人都跑了起来，确切地讲他们并不是速跑，可是他们都满心欢喜地要跑完全程并争取获胜。突然，一个男孩子在跑道上跌倒了，他坚强地爬起来，再次跌倒，他又坚强地爬起来……连续好几次，男孩终于哭了。其他 8 个孩子听到男孩的哭声，放慢速度停下来。然后转身回跑，无一例外。

这时，一个患有"恐低综合征"的女孩弯下腰，在那个男孩的脸上轻轻吻了一下说："这会让你好些的。"

然后，9个孩子手挽着手走向终点。

体育馆的所有观众都站起来，掌声和欢呼声一浪高过一浪，持续了将近10分钟。

我们不怕先天的缺陷，不怕后天的不足，最可怕的是人们的道德流失、心灵沙化和精神污染。

81. 临终关怀

有位女孩报名参加了临终关怀志愿者活动，照顾一些身患绝症、不久于人世的老人的起居。女孩照顾的是一位癌症患者。老人的子女在国外，自己有不少积蓄。女孩去之前，医生告诉她，老人已经对自己绝望了，希望她能安慰他。

每个星期六，女孩准时来到老人身边，和他说说话，讲故事。护士给他打吊针的时候，女孩帮他揉手臂。

医生发现，自从女孩来了之后，老人的精神有了很大改善。他开始主动配合医生治疗，病痛发作的时候，他也不会大喊大叫，而是默默忍着，待人接物的态度也变了。

医生为老人的变化感到高兴。

但医生发现一个令人不安的事情。每个周末，每当女孩离开时，老人就会取出一些钱，交给女孩。而女孩总是欣然接受，并说："谢谢爷爷。"

医生怕自己去干涉，会让老人不高兴，一直忍着不说。一个月后，老人不行了，几次昏迷。在一次昏迷被抢救过来后，老人托付医生："女孩太可怜了，希望医生能帮助女孩完成学业。"不久，老人就去世了。

医生知道女孩欺骗了老人，因为女孩的家境很好，上学根本不成问题。有时候，她是由父亲的私家车载着来的。但医生不明白女孩为什么要欺骗老人，接受老人的钱。

又一个周末到了。

女孩再次出现在临终关怀医院，医生告诉她，老人已经去世了。女孩很悲伤地流泪了。她取出 500 元钱，对医生说："老人一直鼓励我好好上学，他还给我钱，让我不要辍学。"

医生听了，感慨万千。原来，老人一直以为自己帮助了一个贫困孩子，以至于在生命的最后时刻，重新找到了帮助人的快乐。

82. 深深一躬

郊外的一个别墅小区里，有一位老花匠。老花匠每天种花、浇花、修剪花，日出而作，日落而息。他服务的对象，是这个城市里最有身份和地位的人。那些人腰缠万贯，一呼百应，每天开着轿车往来于城市中心和这个别墅群之间。那些人脚步匆匆，左右着上海前进的步伐。老花匠则不紧不慢，穿梭在花丛之间，树枝之下。

他向西装革履、高贵优雅的先生女士们微笑、点头，甚至还和他们打招呼，那些人很有礼貌，对他的问候总是报以矜持的微笑。但老花匠明白，自己和人家永远是两个世界的人。他不知道那些人在忙些什么，想些什么，自己只是一个从乡下到城里来打工的人，没资格认识他们。自己只要照料好每一块泥土，让泥土上的鲜花愉悦那些匆忙的人，就足够了。

有一天，老花匠倒在了泥土上。他得了急病，昏迷过去。保安赶紧报告物业公司的经理。"老花匠病了，需要送医院，现在他身上没有一分钱，请大家伸把手吧!"小区的广播里立即播出了这个消息。一些门打开了，一些急匆匆的脚步停下了，就在等救护车的几分钟里，一张张票子揣进了老花匠的兜里。

几天后，老花匠顺利出院了，从乡下赶来的女儿把他扶回小区。那些西装革履的业主，见到他，依然矜持地对他笑笑，和他擦肩而过。但老花匠感到自己和他们不再有距离。他找到物业经理，找到保安，要谢谢那些解囊相助的人。可是，没有人能提供一份名单。显然，也不能挨家挨户敲开门去询问。

女儿搀着老人，徘徊在小区的楼群之间。天色渐晚，灯光亮起来了。昏黄的、明亮的，整个小区星星点点的光亮，晃在老人的脸上。他在每一栋楼前停下，认真地站好，深深地弯腰、鞠躬!

坚硬的城市，在坚硬的外表下还有这么多柔软的地方。他向这永不蜕变的柔软鞠躬!

83. 朋友的鞋

有一个叫德诺的少年，10岁那年，他因输血不幸染上了艾滋病，伙伴们都躲着他，只有大他4岁的爱笛依旧像从前一样同他玩耍。

一个偶然的机会，爱笛在杂志上看见一则消息，说新奥尔良的费医生找到了能治疗艾滋病的药物，这让他兴奋不已。于是，在一个月明星稀的夜晚，他带着德诺，悄悄地踏上了去新奥尔良的路。

为了省钱，他们晚上就睡在随身带的帐篷里，德诺的咳嗽多起来，从家里带来的药也快吃完了。这天夜里，德诺冷得直发抖，他用微弱的声音告诉爱笛，他梦见200亿年前的宇宙中星星的光是那么暗，他一个人呆在那里，找不到回来的路。爱笛把自己的鞋塞到德诺的手上："以后睡觉，就抱着我的鞋，想想爱笛的鞋还在你手上，爱笛肯定就在附近。"

孩子们身上的钱差不多用完了，可离新奥尔良的路还很远。德诺的身体越来越弱，爱笛不得不放弃了计划，带着德诺又回到了家乡。爱笛依旧常常去病房看德诺，他们有时还会玩装死游戏吓医院的护士。

秋天的下午，阳光照着德诺瘦弱苍白的脸，爱笛问他想不想再玩装死的游戏，德诺点点头，然而这回，德诺却没有在医生为他摸脉时忽然睁开眼笑起来，他真的死了。

那天，爱笛陪着德诺的妈妈回家。两人一路无语，直到分手的时候，爱笛才抽泣着说："我很难过，没能为德诺找到治病的药。"

德诺的妈妈泪如泉涌："不，爱笛，你找到了。"她紧紧搂着爱笛："你给了他快乐，给了他友情，给了他一只鞋，他一直为有你这个朋友而满足。"

84．爱心带来亲情

几年前，在荷兰的一个小渔村里，一个男孩教会全世界的人懂得奉献爱心。由于整个村庄都靠渔业为生，自愿紧急救援队就成为重要的设置。

在一个月黑风高的晚上，海上的暴风吹翻了一条渔船。在紧要关头，船员们发出了"SOS"的求救信号。救援队的船长听到了警讯，村民们也都聚集在小镇广场中望着海港。当救援的划艇与汹涌的海浪搏斗时，村民们也毫不懈怠地在海边举起灯笼，照亮他们回家的路。

过了一个小时，救援船通过云雾再次出现，欢欣鼓舞的村民们跑上前去迎接。当他们筋疲力尽地抵达沙滩后，自愿救援队的队长宣布：由于救援船无法装载所有的人，只得留下了其中的一个，因为再多装一个乘客，救援船就会翻覆，所有的人都活不了。

在忙乱中，队长要另一队自愿救援者去搭救最后留下的那个人。16 岁的汉斯应声而出。他的母亲抓着他的手臂说："求求你不要去，你的父亲 10 年前在船难中丧生，你的哥哥保罗 3 个礼拜前出海，现在音讯全无。汉斯，你是我唯一的依靠呀！"

汉斯回答："妈，我必须去。如果每个人都说'我不能去，总有别人去'，那会怎么样？妈，想想他的亲人的心可能在流泪呢，我必须去。当有人要求救援，我们就得轮流扮演我们的角色，我的心指引我应该这么做。"汉斯吻了他的母亲，加入队友，消失在黑暗中。

又过了一个小时，对汉斯的母亲来说，真是比永久还久。最后，救援船驶过迷雾，汉斯正站在船头。船长把手围成筒状，向汉斯叫道："你找到留下来的那个人了吗？"汉斯高兴地大声回答："有，我们找到他了。告诉我妈，他是我哥保罗！"

85. 你要一双鞋子，给你一双袜子

圣诞节前夕，街上熙熙攘攘的人群变得少了许多。"感谢上帝，今天的生意真不错！"忙碌了一天的史密斯夫妇送走了最后一位来鞋店里购鞋的顾客后由衷地感叹道。透过通明的灯火，可以清晰地看到夫妻两人眉宇间的激动与喜悦。

史密斯先生走向门口，准备去搬早晨卸下的门板。他突然在一个放着各式鞋子的玻璃橱窗前停了下来——透过玻璃，他发现了一双孩子的眼睛。

史密斯先生急忙走过去看个仔细：这是一个捡煤屑的穷小子，冻得通红的脚上穿着一双极不合适的大鞋子，落满煤灰的鞋子上早已"千疮百孔"。他看到史密斯先生走近了自己，目光从橱窗里做工精美的鞋子上移开，盯着这位鞋店老板，眼睛里饱含着一种莫名的希冀。

史密斯先生俯下身和蔼地问："圣诞快乐，我亲爱的孩子，请问我能帮你什么忙吗？"

男孩儿好半天才应道："我在祈求上帝赐给我一双合适的鞋子，先生，您能帮我把这个愿望转告给他吗？我会感谢您的！"

正在收拾东西的史密斯夫人这时也走了过来，她把这个孩子上下打量了一番，然后把丈夫拉到一边说："这孩子蛮可怜的，还是答应他的要求吧？"史密斯先生却摇了摇头，不以为然地说："不，他需要的不是一双鞋子。亲爱的，你把橱窗里最好的棉袜拿来一双，再端一盆温水来，好吗？"史密斯夫人满脸疑惑地走出去。

史密斯先生很快回到孩子身边，告诉男孩儿说："恭喜你，孩子，我已经把你的想法告诉了上帝，马上就会有答案了。"孩子的脸上这时开始漾起兴奋的笑容。

水端来了，史密斯先生搬了一张小凳子示意孩子坐下，然后脱去男孩儿脚上那双布满尘垢的鞋子。他把男孩儿冻得发紫的双脚放进温水里，揉搓着，语重心长地说："孩子，真对不起，你要一双鞋子的要求，上帝没有答应你，他说，不能给你一双鞋子，而应当给你一双袜子。"男孩儿脸上的笑容顿时僵住了，失望的眼神充满不解。

史密斯先生急忙补充说："别急，孩子，你听我把话说明白。我们每个人都会对心中的上帝有所祈求，但是，他不可能给予我们现成的好事，就像每个人都想追求宝藏，但是上帝只能给我们一把铁锹或一张藏宝图，要想获得真正的宝藏还需要我们亲自去挖掘。相信自己，前途才会一片光明啊！"

"我在小时候也曾祈求上帝赐予我一家鞋店，可上帝只给了我一套做鞋的工具，但我始终相信拿着这套工具并好好利用它，就能获得想要的一切。20多年过去了，我做过擦鞋童、学徒、修鞋匠、皮鞋设计师……现在，我不仅拥有了这条大街上最豪华的鞋店，而且拥有了一个美丽的妻子和幸福的家庭。孩子，你也是一样，只要你拿着这双袜子去寻找你梦想的鞋子，永不放弃，那么，你肯定也会成功的。另外，上帝还让我特别叮嘱你：他给你的东西比任何人都丰厚，只要你不怕失败，不怕付出！"

脚洗好了，男孩儿若有所思地从史密斯夫妇手中接过"上帝"赐予他的袜子，像是接受了一份使命，走出了店门。他向前走了几步，又回头望了望这家鞋店，史密斯夫妇正向他挥手："记住上帝的话，孩子！你会成功的，我们等着你的好消息！"男孩儿一边点头，一边迈着轻快的步子消失在黑夜里。

一晃30多年过去了，又是一个圣诞节，年逾古稀的史密斯夫妇早晨一开门，就收到了一封陌生人的来信，信中写道：

尊敬的先生和夫人：

您还记得30多年前那个圣诞节前夜，那个捡煤屑的小男孩吗？他当时祈求上帝赐予他一双鞋子，但是上帝没有给他鞋子，而是别出心裁地送给他一番比黄金还贵重的话和一双袜子。正是这样一双袜子激活了他生命的自信与不屈！这样的帮助比任何同情的施舍都显得重要，给人一双袜子，让他自己去寻找梦想的鞋子，这是你们的伟大智慧。

衷心地感谢你们，善良而智慧的先生和夫人。他拿着你们给的袜子已经找到了对他而言最宝贵的鞋子——他当上了美国的第一位共和党总统。

我就是那个穷小子。

信末的署名是：亚伯拉罕·林肯！

86. 真情

有一个富翁，年轻时家里很穷，他的父母都是农民，他从小就生存在一种饥饿和窘迫之中。节日的花衣服、过年的压岁钱、喜庆的爆竹、父母的呵护……这些本该属于孩子的专利，都与他无缘。

最使他难忘并终生感恩的是小伙伴们对他无私、真诚的帮助和呵护。只要小伙伴手里有两块糖果，肯定就会有他的一块；伙伴手里有一个馍，那肯定有他的一半。在贫穷和饥饿之中，还有什么比这更宝贵的东西呢？

一眨眼 30 年过去了。在这段时间里，世界上的许多事情都变了模样。此时，富翁步入中年，外出闯荡的他已今非昔比。30 年的奔波劳碌、摸爬滚打，算计别人也被别人算计，富翁一路风尘地走过来了，成为一个稳健、精明、魅力非凡的企业家。有一天，远离家乡的他动了思乡之念，于是，在一个艳阳高照的日子里，富翁回到家乡。当日，他走遍全村，感谢叔伯大爷、兄弟姐妹这些年来对父母的照顾，并每家送了一份礼品。夜里，富翁在自家的堂屋里摆桌请客，赴宴者全是从小光着屁股一块儿长大的玩伴，他们自然也是四十几岁的中年人了。

按那里的风俗，赴宴者都要带点儿礼品表示谢意。大家来的时候，都带着礼品，有的还很丰厚。富翁令人一一收下，准备宴席之后，请大家带回。当然，还有自己馈赠的礼品。

正在大家热热闹闹、布菜斟酒的时候，门开了，一个儿时旧友走进门来，他的手里提着一瓶酒，连声说："对不起，我来晚了。"

大家都知道这个朋友日子过得很艰难，其情其境，一点儿不亚于富翁儿时。富翁起身，接过朋友提来的酒，并把他拉到自己身边的座位上坐下，朋友的眼里闪过几丝不易觉察的慌乱。

富翁亲自把盏，他举着手里的酒瓶，说："今天，我们就先喝这一瓶酒，如何？"一边说，一边给大家一一倒满，然后他们一饮而尽。"味道咋样？"富翁问，所有赴宴者面面相觑，默不作声。旧友更是面红耳赤，低下了头。

富翁瞟了一眼全场，沉吟片刻，慢慢地说："这些年来，我走了很多地方，喝过各种各样的酒，但是，没有一种酒比今天的酒更好喝，更有味道，更让我感动……"说着，站起身，拿起酒瓶，又一次一一给大家斟酒，"再干一杯。"

喝完之后，富翁的眼睛湿润了，朋友也情难自抑，流泪了。

他们喝的哪里是酒，分明是一瓶水啊！

世界上还有比这更感人的场面吗？还有比这更宝贵的东西吗？朋友不以贫穷自卑，提一瓶水也要去看看儿时的朋友；发迹的富翁不忘旧情，不以为然，反而大受感动，情不自禁，以至于流泪，这瓶"水酒"真的是含着重如泰山、穿越世俗的真情啊！所以，当我们身左身右的人，在人生路上遇到艰难，陷入泥泞之时，朋友，请伸出你的手来，把你的温暖、关怀送给他们，把真情送给他们，他们将因此而充满笑迎风雪的勇气和力量……

真情，是人世间永远的太阳！

87. 面包师的奖励

在一个闹饥荒的城市，一个家庭殷实而且心地善良的面包师把城里最穷的几十个孩子聚集到一块，然后拿出一个盛有面包的篮子，对他们说："这个篮子里的面包你们一人一个。在上帝带来好光景以前，你们每天都可以来拿一个面包。"瞬间，这些饥饿的孩子仿佛一窝蜂一样拥了上来，他们围着篮子推来挤去大声叫嚷着，谁都想拿到最大的面包。当他们每人都拿到了面包后，竟然没有一个人向这位好心的面包师说声谢谢，他们就走了。

但是有一个叫依娃的小女孩却例外，她既没有同大家一起吵闹，也没有与其他人争抢。她只是谦让地站在一步以外，等别的孩子都拿到以后，才把剩在篮子里最小的一个面包拿起来。她并没有急于离去，她向面包师表示了感谢，并亲吻了面包师的手之后才向家里走去。

第二天，面包师又把盛有面包的篮子放到了孩子们的面前，其他孩子依旧如昨日一样疯抢着。羞怯、可怜的依娃只得到一个比头一天还小一半的面包。当她回家以后，妈妈切开面包，许多崭新、发亮的银币掉了下来。妈妈惊奇地叫道："立即把钱送回去，一定是揉面的时候不小心揉进去的。赶快去，依娃。赶快去！"当依娃把妈妈的话告诉面包师的时候，面包师面露慈爱地说："不，我的孩子，这没有错。是我把银币放进小面包里的，我要奖励你。愿你永远保持现在这样一颗平安、感恩的心。回家去吧，告诉你妈妈这些钱是你的了。"她激动地跑回了家，告诉了妈妈这个令人兴奋的消息，这是她的感恩之心得到的回报。

88. 梅老师

龙卷风来了，这时，梅老师不禁也慌了，但她并没有乱。她清楚地知道，孩子们这样争先恐后地涌向门口，最终的结果，只会造成教室这条唯一的出路人为堵塞，从而……啊，太可怕了！

梅老师便一大步上前，把守住教室门口，同时，她嘶哑着嗓子，再次向学生们命令："听着，按次序！谁也不准挤！谁挤谁最后一个出去！"

老师犹如军队里的将军，随着梅老师的声音响起，教室里一下子静了许多，那乱糟糟的局面也得到了控制，孩子们虽然免不了还要你推我、我拥你，可到底谁也不敢使劲往前钻了。

那呼呼隆隆的龙卷风声音越来越近，越来越响，学生们一个连着一个，在有秩序地朝教室外撤离。

突然，原来排在教室里最里边那个组的一个长得圆头圆脑、很健壮很漂亮的小男孩，似乎有些等不及了，又似乎有着充分的理由，只见他一窜上前来，很快就钻到梅老师的腋下，眼看着就能挤出去了。

但梅老师一把拉住了一只脚已伸在门外的男孩子，并狠狠地将他往自己身后一搜，说："你！最后一个出去！"

小男孩不禁抬起泪眼望了望梅老师。其他学生这时也都将目光集中到了梅老师脸上，但梅老师似乎根本没看见这一切，只顾用嘶哑的声音喊着："听着！按次序！谁也不准挤！谁挤谁最后一个出去！"

这里，45 个同学中的 44 个，已双脚跨出教室的门槛了。于是，梅老师连忙拉过来一直站立在她身后的小男孩，并用力将他往外一推，然后——然而，时间就在这一刻停住了！天地就在这一刻合并了！随着一声闷闷沉沉的巨响，只听见几十个声音在同时惊叫：

"梅老师——"

"小刚——"

梅老师睁开眼睛的时候，已是第二天的下午。

梅老师睁开眼睛的时候，齐刷刷站立在她病床四周的 44 个孩子，同时叫了起来："妈妈！"

听到这一声时，浑身上下都裹满了绷带的梅老师，不由得伸出抖抖的双手朝四周摸索着，并声音颤抖地寻找着："小刚，我的小刚，你在哪里？"

回答梅老师的，便又是 44 个孩子那带着哭腔的同声呼叫："妈妈……"

梅老师是妈妈。

妈妈是梅老师。

89. 春天的雨点

达丽玛坐在教室的板凳上，圆溜溜的一双眼睛正望着老师乌汉娜，是她的心正和春风一起，游荡在大草原上。"达丽玛，这个问题你来回答。"乌汉娜从 42 双眼睛里，发现了达丽玛这双走了神的眼睛。达而玛站起来，无法回答，脸羞得红红的。"放学后，你到办公室来，我给你补这堂课。"达丽玛坐下来，竭力忍住，才没让眼泪掉下来。

孩子们活蹦乱跳地背着书包放学了，达丽玛低着头走进了办公室。乌汉娜让达丽玛坐在自己身边，像是对着 42 位学生，又开始讲课了。达丽玛望着老师严肃的面容，认真的表情，心里发誓：上课再不能让心跑向大草原了。她把老师的每一句话都印在心里……

一补课完毕，她才看见窗外飘洒着细细的春雨。

"老师，下雨了？"达丽玛惊奇地问。"你没有看见闪电吗？没有听见雷声吗？"乌汉娜问。达丽玛摇摇头。"你什么都没听见？"乌汉娜又问。"老师，我只听见您给我讲课了。"是啊，她只听到老师沙哑的嗓音，只看到老师发干的嘴唇，哪注意到闪电、雷声？乌汉娜忘记了一切疲劳，压抑住心头的激动："哦，达丽玛……你会学好，我放心了……"

乌汉娜老师解开蒙古袍衣襟，把 10 岁的达丽玛搂在身旁，在绵绵春雨中，送孩子回到家，然后转身走了。达丽玛摸着自己干干的衣服，依在门前深情地望着老师的背影在细雨朦胧中远去……春天的雨点，落在草原上；草原上正萌发着蓬勃的生机。春天的雨点，仿佛也落在了达丽玛的心里。

90. 坐反公交车

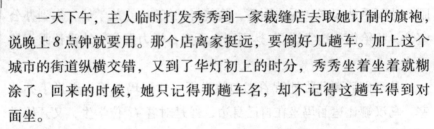

秀秀今年 15 岁，她刚刚初中毕业，家里没钱让她上高中，于是就跟着姐妹们来到了南方找工作。

奔波了几天，总算找到了一份保姆的工作。主人家很有钱，就是非常苛刻。秀秀天天除了做饭洗衣服，还得带小孩，累得够呛。

一天下午，主人临时打发秀秀到一家裁缝店去取她订制的旗袍，说晚上 8 点钟就要用。那个店离家挺远，要倒好几趟车。加上这个城市的街道纵横交错，又到了华灯初上的时分，秀秀坐着坐着就糊涂了。回来的时候，她只记得那趟车名，却不记得这趟车得到对面坐。

这趟车是无人售票，所以秀秀上去就投了 1 元钱，也没问问司机。车大概走了 20 多分钟，乘客就差不多走光了。秀秀看着窗外闪烁的霓虹，一点也没有注意到自己的错误。

车很快到了终点。剩下的人很快就跳下了车。秀秀也跟着要下，可是在车门那儿她猛然发现这个车站和来时不一样。她望望司机，司机也正在看她。她讷讷地问："这，这好像不是北京路，这是哪儿啊？"

"北京路？"司机一愣，旋即明白过来，"这是终点站，你一定是坐反车了。"

"什么？"秀秀几乎要哭起来了，"那怎么办？"

"别急，我现在就要重新开出站。待会儿你就可以直接在北京路站下车了。"

"是吗？太好了。"秀秀边说边要掏钱，可是她马上想起主人只给了自己6块零钱，刚好够她来回车钱。如果现在给了，待会儿坐那两趟车就不够了。

想到这里，秀秀着急起来。她使劲地翻着口袋，可是司机好像根本没注意到她没投钱，自顾自地把车开出了站。

秀秀的心并没有放下来，她不安地坐在后面，时不时地瞅瞅司机，看他脸上是什么表情。鄙视、不屑、气愤？可是只见司机专心致志地开着车，什么表情都没有。

不一会儿，车就到了北京路。司机按了一下按钮，开了后门。可是秀秀特意跑到了前门，看着司机，想对他说钱的事。可是司机好像看透了她的心思，他把手一挥，说："快下车吧！你不是赶时间吗？"说着就按钮开了前门。

秀秀心一热，说了声："谢谢！"然后逃也似的下了车。

秀秀准时把旗袍送回了家，但她一直忘不了那位好心的司机。

91. 小杜的故事

小杜家里很穷，但小杜是个有志气的孩子。

18岁那年，小杜考上了北京一所著名的大学，他十分高兴，毕竟自己的大学梦已经实现了。他的父母也很开心，但紧锁的眉头表明了他们的忧心忡忡，因为高昂的学费实在让这个已经一贫如洗的家庭无能为力。

小杜不想放弃这个来之不易的求学机会，在为期两个多月的暑假里，他四处打工筹钱。亲切善良的乡亲们，也在小杜临走前送来了他们的心意。庄稼人没有太多钱，这个 5 块，那个 10 块。小杜手里紧攥着那浸着乡亲们血汗的钱，出行前，他向小村的方向深深地鞠了一躬。

4 年的大学，小杜过得非常充实，他不仅成绩优异，而且还在学生社团工作中锻炼了自己的能力。小村里的人都知道东头家的小杜是个优秀的人才，都指望着他出人头地，为小村人争光。

不料，就在小杜毕业那年，他放弃了繁华的都市和待遇诱人的工作，背着行囊回到了家乡。乡亲们诧异地看着他，脸上写满了不解，小杜却潇洒而又深情地说："乡亲们，我是从这儿走出去的，我得先让咱小村富起来啊！"有的老乡眼眶湿润了，但他们随后又笑起来，这个古老贫穷的小山村又有了新的希望。

92. 三个最重要的问题

从前有位国王想励精图治，改变日渐衰落的国力。经过思考，他觉得有三个最重要的问题需要明确：第一，世上最重要的时间是什么时候？第二，世上最重要的人是谁？第三，世上最重要的事情是什么？

国王把三个问题招贴出去，宣布谁能给出满意的答案，就可获得丰厚的奖赏。于是，大臣和百姓纷纷献计献策，但国王都不满意。国王听说有个隐士非常有智慧，就化装成普通人去找隐士请教。当时隐士正在地里忙碌，根本没工夫理会他。国王并不恼怒，而是和隐士一起耕地。夜幕降临了，国王留宿在隐士家。

夜间，一个受了重伤的人敲门，隐士让他进来后就进屋呼呼大睡。国王热心地替隐士接待了这名伤员，给他包扎伤口。

第二天早上，伤员告诉国王："我其实是你的敌人，埋伏在路上准备暗杀你，可是不幸被你的卫士发现了。我寡不敌众，受了重伤，逃到此地。要不是你仁爱的救助了我，你早已经成为我的刀下之鬼了。你是一个好国王，我愿意为你效劳当你的卫士，行吗？"

国王高兴地收下了这个化敌为友的卫士，然后去辞别隐士，恳请他解答那三个问题。隐士回答："最重要的时间是'现在'。你来找我的时候，如果不帮我耕地，而是掉头就走，很可能已遭狙击。昨天晚上，你要是不热心地为他包扎伤口，也会死于非命。两次你都把握住了最重要的时间，那就是'现在'。"国王恍然大悟。隐士继续回答："最重要的人物就是你身边的人。"停顿了一下后，隐士接着说："至于世界上最重要的事情，那就是爱。没有了这一条，前面的两个问题将毫无意义。"

93. 倒下的战友

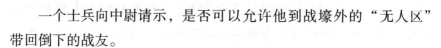

一个士兵向中尉请示，是否可以允许他到战壕外的"无人区"带回倒下的战友。

"可以，"中尉说，"但是你要考虑好，为了带回你那多半已经牺牲的朋友，你可能因此而送命。我认为你这样做并不值得。"中尉的忠告并没有打消士兵的念头，他冲出了战壕。

这个士兵奇迹般的背着战友返回战壕。就在离战壕仅仅几米远的时候，他中弹了，但是他还是坚持着背着战友一起摔进了战壕。中尉给士兵检查了伤情，摇了摇头说："我告诉过你了，这不值得，你的朋友已经死了，而你也受了重伤。"

"可这是值得的，长官。"

"什么？值得？你的朋友已经死了啊!"

这个士兵忍着痛楚笑了笑说："是的，他是死了，但我做的是值

155

得的。因为，我到他身边的时候，他还活着，当我抱着他时听到他说："伙计，我就知道你会来的。'"

94. 祷告的手

《祷告的手》这是一幅画的名字，更是真爱的名字。

丢勒和奈斯丁是一对好朋友，都是奋斗中的画家。由于贫穷，他们必须半工半读才能够继续学业，可因为工作占去他们许多时间，两人的画技进步很慢。梦想的遥遥难及撕扯着两个人。困惑了良久，两个人想出一个办法，决定以抽签的方式决定：一个人去工作来支付彼此的生活费，另一个人则全心学习艺术。

丢勒赢了，得以继续学习，而奈斯丁则辛勤工作，供应两个人的生活所需。不久，丢勒前往欧洲各城市学习，奈斯丁继续无怨无悔、任劳任怨地工作着，赚取着两个人的生活费及丢勒的学习费用，信守着自己的承诺。几年后，丢勒成功了，他按照两个人当初的约定找到奈斯丁，履行支持奈斯丁学习的协议。可他发现，由于为了支持自己而辛勤工作，奈斯丁那原本美而敏感的手指变得僵硬扭曲，遭到终生的损坏，已经不能灵敏地操作画笔了。丢勒心痛如绞。奈斯丁却宽厚地笑着，他竟丝毫没有因为自己无法完成自己艺术家的梦想而难过，心中却尽是为朋友成功的兴奋。

这天，丢勒去拜访奈斯丁，发现奈斯丁正合着双手，跪在地上，安静而诚挚地为他做成功祷告。天才艺术家双眼潮湿，将朋友那双祷告的手画了下来。这幅画成为举世闻名的《祷告的手》。

95. 有一种爱，很小

迫击炮弹落到了一个越南小村庄的孤儿院里，几个教士和一两个孤儿被炸死。还有几个孤儿被炸伤，其中有个大约 8 岁的小女孩。

村里的人到邻近的一个和美军有无线电通讯联系的小镇上去求救。最后，美国海军的一名军医和一名护士带着急救箱，乘吉普车急匆匆地直达村里。他们发现那小女孩伤得非常严重，如不抓紧手术，她就会因长时间休克和失血过多而死亡。要及时地给她输血，这就需要和她有同种血型的献血者。护士很快地给在场的人进行血型化验，结果，没有一个美国人和小女孩的血型吻合，但有几个没受伤的越南孤儿却和她血型吻合。

美军军医和护士一会儿用越南语，一会儿用法语，一会儿打手势，试图向这些被吓坏了的孤儿们解释，如果不马上给这个小女孩献血，她就必死无疑，然后他们问孤儿们：有谁愿意给小女孩献血。

孤儿们听后，一个个瞪着大眼睛，一句话也不说。过了一会儿，一只小手颤巍巍地慢慢举了起来，很快又放了下来，接着又举了起来。

"啊，谢谢你。你叫什么名字？"护士用法语说道。

"恒。"小男孩答道。

护士很快把恒安置到担架上，用酒精在他的胳膊上擦了擦，把针头插进他的血管里。恒一声不吭，僵直地躺着。

过了一会儿，他突然发出了一阵颤抖的抽泣，但很快就用另一只手将脸蒙住。"疼吗，恒？"军医问道。恒摇摇头，并又用手遮住脸，试图不哭出声来。军医又一次问他是不是针头刺痛了他，他又摇了摇头。

又过了一会儿。恒又轻轻地哭出声来。他紧紧闭着眼睛，把拳头放进嘴里，试图止住抽泣。军医和护士感到一定是出了什么问题，正在这时，一个越南护士正好赶到。她看到这种情景后，直接用越南语问到底是怎么回事，她听了恒回答后，温柔地对他说了些什么。

过了片刻，恒停止了哭泣，抬起眼睛询问似地看着越南护士，越南护士向他轻轻点了点头，恒脸上紧张的表情顿时释然。

越南护士看了看美军军医和护士，然后轻轻地说道："他以为他快要死了。刚才他误解了你们的话，他以为你们要把他的血全部输给那个小女孩呢。"。

"但他为什么又愿意献血呢？"美军护士问道。

越南护士用越南语把美军护士的话又给恒说了一遍。恒回答说："因为她是我的好朋友。"

96. 每天为别人做一件善事

从前有个国王十分钟爱他的儿子，这位年轻的王子，没有任何欲望不能满足。然而他仍然常常紧锁眉头，很不快乐。

有一天，一位魔术师走进王宫，对国王说，他能使王子快乐。国王高兴地说："假使能办成这件事，你要求的任何赏赐我都答应。"

魔术师将王子带进一间密室中，用白色的东西在一张纸上涂了涂。他把这张纸交给王子，嘱咐他燃起蜡烛，注视着纸上呈现些什么。说完魔术师就走了。

年轻的王子在烛光的映照下，看见那些白色的字迹化作美丽的绿色，变成这样的几个字："每天为别人做一件善事。"

王子遵命而行，不久，他果然变成了一个快乐的少年。

97. 外国老师

拉拉的学校里新来了一位女老师。女老师的头发是黄的，眼睛是蓝的，鼻子又长又高。

原来这是位外国老师，名字叫安娜。小朋友们都很喜欢这位外国老师，因为外国老师见到小朋友，总是笑得很开心。

拉拉却不喜欢安娜老师，上课的时候，他的眼睛不看外国老师，看着窗外的小鸟。拉拉眼睛虽然看着小鸟，心里却想着妈妈。妈妈生病了，躺在家里的床上，拉拉想：妈妈好可怜啊！我要回家去照顾妈妈。

这时候外国老师走到拉拉身边，摸摸拉拉的脑袋，笑着说："拉拉，你是不是在听小鸟说话啊？"

拉拉想回答说"是"，又想回答说"不是"。可是突然他说："我的妈妈笑得比你好看！"

"真的吗？我真想见见你的妈妈啊！"安娜老师说，一点儿也不生气。

拉拉一下子好后悔，他想其实安娜老师笑起来很好看的，跟妈妈一样好看。只是因为妈妈病了，所以拉拉才这样说的。

上图画课的时候，安娜老师发给小朋友每人一张纸，让小朋友们爱画什么就画什么。

小朋友们都开心地笑起来，因为大家最爱这样画画了。

大家画啊画，教室里静悄悄的。坐在拉拉左边的美美画了一座花园，坐在拉拉右边的沙沙画了一个武士。

拉拉不画花园，也不画武士，他在纸上乱涂乱画，好像在跟谁生气。

安娜老师走过来，笑着问拉拉在画什么。拉拉大声说："妖怪！"

小朋友们"呼啦"围过来，大家都好奇地想看拉拉的画。拉拉突然觉得好难为情，他把画遮起来不让大家看。

"我们来抓妖怪好不好？"安娜老师在拉拉耳边轻轻说，好像在告诉拉拉一个秘密。

拉拉奇怪极了，纸上的妖怪怎么抓啊？只见安娜老师拿了拉拉的笔，在妖怪的身边"沙沙沙"画了一个又一个小朋友。

安娜老师画一个拉拉数一个："1、2、3……20！"

呀！安娜老师一下子画了20个小朋友，跟拉拉班上的小朋友一样多。而且这些小朋友拉拉都认识：有美美，有沙沙，有奇奇……还有拉拉自己！

原来安娜老师画的全是拉拉班上的小朋友啊！

"这是我！"

"那是我！哈哈哈……"

小朋友们全拥过来，在拉拉的图画纸上找自己，找到了，就开心得大笑。

这时候安娜老师又在拉拉耳边轻轻说："你想把这幅画送给你的妈妈吗？"

拉拉用力点了点头，他高兴地想：妈妈看了这幅画，一定会很高兴，一高兴，妈妈的病说不定就好了。

拉拉接着想，他要让妈妈第一个找自己，找到了再找安娜老师。

想到这里，拉拉赶紧在画上画了一个又好看又时髦的安娜老师。

小朋友们看了，都拍起手来，说拉拉画得真像。安娜老师也高兴得笑啊笑，把眉毛也笑弯了。"我好喜欢安娜老师啊！"拉拉想。

98. 总统签名

美国前总统克林顿与一个小孩有过一件趣事。

有一天，克林顿到医院探视病人，有一位小孩突然钻到他的身边。

这个小孩不断地看着克林顿先生，什么话都不说。

彼此沉默了几秒钟之后，克林顿首先开口："你有什么话要跟我说吗?"

"我想要你的签名!"小孩用响亮的声音说。

克林顿情不自禁地露出微笑，拿起名片，很快地写上名字，正要交给小孩时，小孩又要求说："我可以要 4 张吗?"

克林顿一脸笑意："为什么要这么多张? 1 张不够用吗?"

小孩回答他："我要用 3 张你的签名去换迈克尔·乔丹的一张签名照。"

克林顿总统并没有因此而不高兴，他又接连拿出 3 张名片，都签上了名字，同时开心地说："我有一个侄子，最喜欢迈克尔·乔丹，改天有空我也要帮他去换一张迈克尔·乔丹的签名照。"

99. 猫老爹

有个可怜的女孩儿叫贝贝安，她和继母在一起生活。继母总是让她不停地干活儿，还经常打她。而继母自己的亲生女儿丽娜却每天穿着漂亮的衣服到处玩儿，什么活儿也不干。

有一天，继母因为一些小事，又打了贝贝安一顿，贝贝安受不了继母的虐待，就逃走了。她走到了一个猫王国。猫儿们正好缺个管家，贝贝安就留了下来。她把房子收拾得干干净净，饭也做得好极了。对生病的猫更是精心地照料。猫儿们都非常喜欢她。

过了几个星期，一只住在山顶的猫老爹来了。猫儿们都夸奖贝贝安做得好，猫老爹非常高兴，他也很喜欢贝贝安。

有一天，贝贝安想回家了。猫老爹把贝贝安领到地窖里，那里摆着两只大缸：一只装满了油，一只装着金水。

猫老爹问："你想在哪只缸里浸一下呢？"

贝贝安想了想，说："让我到油缸里浸一下吧。"

猫老爹说："不，不能亏待你。"说着，他一把抓起贝贝安，把她扔进了金水缸。

当贝贝安从金水缸里出来的时候，她的身上穿了一件金衣服，而且口袋里装满了金币。猫老爹又嘱咐她："记住，听到鸡叫时，你要朝它转过脸去。"

贝贝安刚到家门口，鸡便叫了，贝贝安赶快向它转过脸去，于是她的额头上一下子出现了一颗美丽的金星。贝贝安回到家里，将自己的奇遇告诉给了继母和丽娜。

丽娜见贝贝安交了好运，眼红得要命，于是她也来到猫住的地方。可是她脾气坏，又不肯干活儿，不是把猫打得东跑西窜，就是让猫饿得直叫唤。猫老爹来的时候，猫儿们都大声地向他诉苦。

猫老爹沉着脸把丽娜带到地窖里，问："你想在哪只缸里浸一下呢？"丽娜赶快说："金水缸。"

猫老爹大吼一声："你不配！"说完就把她扔进了油缸，差点儿没把她淹死。猫老爹对她说："滚吧！记住，听见驴叫，就向它转过脸去。"

半路上丽娜听见一声驴叫，她赶紧向它转过脸去。不料，她的额头上竟然长出了一条驴尾巴。丽娜狼狈地低着头，飞快地跑回家中。她足足洗了两天，才把身上的油污洗干净，可那条驴尾巴却怎么也弄不掉了。

100. 孙悟空告状

孙悟空自从唐僧念了紧箍咒，被赶回花果山之后，他带领着猴子猴孙们整天在花果山上植树造林，种花种果，还挖渠引水，修造梯田，继续当他的美猴王，好不自在。

观世音菩萨在云端见孙悟空和群猴们在花果山那股子干劲儿，心里着实高兴。心想，花果山经孙大圣这么一治理，准能成为人间仙境。

果然不出菩萨所料，没有几年，花果山就变得郁郁葱葱，生机勃勃，井井有条，美上加美。

众猴子在这山清水秀、鲜花鲜果满山野、空气十分清新的仙境里，过着美哉悠哉的生活。

忽然有一天，来了一位天将，奉玉帝的旨意，派孙悟空去天庭，说是另有新用。

到了天庭，孙悟空被任命为一个比芝麻还小的小官弼马温，就是管理天马的饲养员。

孙悟空生性自由自在惯了，受不了天庭的管束，上任没有多久，就犯了天规，又被打回凡界。

孙悟空气得高喊："哼！谁愿意在这干巴巴、冷冰冰的天界待着！我要回我的花果山去！"说罢，一个跟斗去，行程十万八千里。刹那间，孙悟空从天庭回到了人间，寻找他的花果山。"啊？我的花果山到哪里去了？莫非俺老孙找错了地方？"

只见他手搭凉棚，四面环顾。往日的水帘洞和虎皮交椅仍在眼前，只是水帘洞已经干枯，虎皮交椅只剩下三条腿儿，虎皮不见了，几撮虎毛挂在椅子腿儿上。

孙悟空正在纳闷儿，这到底是怎么回事儿呢？

这时，一只小猴子"吱吱呀呀"地跑过来，跑在大圣面前哭哭啼啼地诉说着："自从大王走了以后，不断有人来咱花果山，东瞧瞧，西瞅瞅，还比比划划地说这说那……"

"他们来都干了什么？快说！"孙悟空着急地催问着。

"有一天，来了一帮大汉，他们拿着斧头，锯子，砍了我们的花果树，还抢走了虎皮，说是要修建什么歌舞厅，还有迷宫。小的们拦也拦不住，还挨了打。看！现在我胳膊上的伤还没好，就是被他们打的。"

"最可恨的是临走还抓了我们几个猴兄弟，有的是捉去耍猴戏，也有的干脆送高级饭店做活猴脑豆腐，还说那是一道名菜呢！至今，这几个兄弟的下落不明，吉凶未卜。大王，快想想办法吧！"

这时一只大猴子详细地向孙悟空报告着花果山的劫难，并指着花果山各处说，"大王，您请看——"

"啊——哈！"孙悟空听后一看，气得两眼直冒火星。

只见山上到处是树桩，截断的木头东倒西歪地躺在地上，还没来得及都滚下山去，昔日修造的梯田也被这帮人滚木头时全毁了。树也没有了，下大雨时山上的泥土都被冲下山，冲入了原本清澈见底的小溪，现在的小溪变得浑浊不堪，有的地方都干了。徒子徒孙们由于吃不到果子，又忍受不了夏日的炎热和干旱，更害怕不知什么时候也会像那几位兄弟一样被绑走，甚至被砍了猴头。于是，就纷纷逃走了。只剩下这几只对孙大圣特别忠心耿耿的看山猴。

孙悟空气得大喊："什么人如此大胆！竟敢毁俺老孙的家园！捉俺老孙的兄弟！"正当孙悟空气得咬牙跺脚的时候，忽然从地缝里蹦出来一个戴着红肚兜、头梳望天椒的小男孩儿。

小男孩儿冲着孙悟空喊道："哎！认识我是谁吗？"

"你不就是牛魔王和铁扇公主的儿子红孩儿嘛！"孙悟空脱口

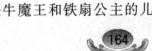

说道。

"正是本人。我可以告诉你，是谁毁了你的花果山。是万物之灵的人类，你敢惹他们吗?"红孩儿使的是激将法。

生来急脾气的孙悟空顿时火冒三丈，挥动着金箍棒，就要冲下山去，与那万物之灵的人类算账。

就在这紧急时刻，观世音菩萨又出现在云端。

"悟空，切不可胡来。现在人间已经拟订了《森林保护法》、《野生动物保护法》、《环境保护法》等多种法律法规。你可以去法庭告状，要求他们赔偿你的损失，放你的人。"观世音菩萨仔细地指点着。

"谢谢菩萨指点!"

孙悟空说罢，拜别了观音菩萨，带着他的几个徒子徒孙当人证，径直去了森林法院，呈上了诉状。

法官一看是孙悟空来告状，不敢怠慢，生怕他抢起金箍棒，像大闹天宫一样把法院再给闹个地覆天翻。

孙悟空火眼金睛，看出了法官的心思，抓了两下耳腮说:"俺老孙从不胡来。谁砍了俺花果山的树，谁照样给俺栽上。砍了多少棵，给俺栽上多少棵，俺没有额外要求。另外，还有一状，请转递给野生动物保护法庭，把抓的俺的人，给俺放回来，要是给杀了，就得……"他没说就得偿命，因为他不知道猴子属于哪级保护动物。

法官说:"另一状，我们一定转递，请大圣放心。关于砍树一案，判那些砍你树的人赔你钱可不可以?"

孙悟空直截了当回答:"不可以! 他们没有抢俺的钱，砍的是俺的树。俺只要树，把树如数给栽到花果山上去! 否则，别怪俺老孙不客气。"说着，孙悟空用他的金箍棒使劲往地上戳了几下儿，顿时，大地颤抖，房屋也直摇晃。

几只小猴子也"吱吱呀呀"地叫着:"赔花果山的树! 赔花果

山的树！赶快放人！赶快放人！"

说完，孙悟空收拾起他的金箍棒，带着小猴子猴孙们扬长而去。

嘿，孙悟空这一招儿还真灵。没过几天，村长、乡长还有县长，带着砍树的那几个壮汉和浩浩荡荡的队伍，扛着树苗，还领着被抓去的那几只猴子，上了花果山。

他们先把被抓去的猴子交给大圣。然后，按照树桩印儿，一棵一棵地重新栽上了树苗。

观世音菩萨见孙悟空告状胜诉，十分高兴，口里直念叨："这猴子真行，知道依法办事，用法律保护自己，保护自己的权益。"

随即，她去请东海龙王，想让龙王给花果山下场及时雨，好让小树苗们得到雨露的滋润。

东海龙王听了观世音菩萨的来意，笑着说："观音大士，都什么年代了？还想请我降雨！现在是 21 世纪。要想下及时雨，得去找空军司令，请他派飞机，进行人工降雨。"

观世音菩萨也笑了，说："可不是吗。都 21 世纪了。那就请龙王陪同，一起去吧！"东海龙王和观世音菩萨一起去了空军司令部。

不大一会儿，只听得飞机的隆隆声、高射炮的轰鸣声连成一片。

紧接着，一场"哗哗"的及时雨，喜降花果山。

小树苗们喝足了水，"噌噌"地往上蹿。

孙悟空高兴地抓耳挠腮。小猴子们高兴地蹦蹦跳跳。花果山又有了生机。逃走的猴子们也渐渐回来了。

过了几年，美丽的花果山又恢复了人间仙境。

101. 用哭保护了小鸟

一天，灵灵一个人在树林里玩儿。

一位叔叔手握猎枪走过来。他边走边抬起头，四处张望。正当这位叔叔停下来，举起枪，向树上的一只小鸟瞄准时，只听"哇——"的一声，灵灵突然哭了起来。

"你这小家伙，哭什么哭，把鸟都吓走了！"叔叔很生气地向灵灵瞪眼睛。

叔叔说完，又举起猎枪，向另一只小鸟瞄准。

"哇——！"灵灵又哭了起来，比刚才的声音还大。小鸟又飞走了。

"哎，这是谁家的小孩，怎么老跟着我哭啊？快滚！"叔叔有些愤怒了。

"叔叔，小鸟那么可爱，为什么要打它？"灵灵问。

叔叔没有理睬，向前走了几步，又准备打鸟。

"哇——！"灵灵再一次哭起来，把小鸟赶走。

"你再哭喊，我揍你！"叔叔举起手，要打灵灵。

可是，灵灵一点儿也不害怕。他走到叔叔跟前，很勇敢地说："叔叔，您要是再打鸟，我就跟着您哭！"

听了灵灵这句话，那位叔叔终于软了下来，有点儿不好意思。

"好吧，既然你这么喜欢小鸟，叔叔从此不打鸟了！"

"那，我们拉钩！"灵灵伸出小拇指。

灵灵和叔叔拉着钩，两个人都笑了。这一天，灵灵很开心，没想到自己用哭保护了小鸟。

102. 一颗仁慈的心

一次，鲁国国君孟孙带领随从进山打猎，秦西巴跟随左右。打猎途中，孟孙活捉了一只可爱的小鹿，非常高兴，便命令秦西巴先把小鹿送回宫中，以供日后玩赏。

秦西巴抱着小鹿走在回宫的路上，突然发现一只大鹿紧跟在身后，不停地哀号，叫声十分凄惨。秦西巴明白了，这是一对母子。他动了怜悯之心，就把小鹿放在地上。那母鹿不顾危险，冲到小鹿身边，亲切地舔着小鹿。然后，两只鹿撒腿跑进了林子，转眼就不见了。

孟孙打猎归来，得知秦西巴放走了小鹿，顿时火冒三丈，将秦西巴赶出宫门。

过了一年，孟孙的儿子到了念书的年龄，孟孙要为儿子找一位好老师。许多有名望的人都来向孟孙推荐老师。孟孙一一接见了这些人，但觉得都不是十分满意。正闷闷不乐的时候，孟孙突然想起了一年前被自己赶出宫去的秦西巴，立即命人去寻找秦西巴，把他请回宫，让他当太子的老师。

大臣们对孟孙的做法很不理解，问道："秦西巴当年自作主张，放走了大王钟爱的鹿，得罪了大王，现在大王您反而请他来做太子的老师，这是为什么？"

孟孙笑了笑，说："秦西巴不但学问好，更有一颗仁慈的心，他对只小鹿都生怜悯之心，宁可自己获罪也不愿伤害动物的母子之情，现在请他做太子的老师，我可以放心了。"

秦西巴的仁慈之心，终于被国君理解。

103. 面对发怒的大象

"大象反性啦！快跑哇！"人们惊叫着就像炸了窝的野蜂，涌出马戏大棚，发疯地逃跑。

原来，一只正在表演的5岁雄象波波，突然用鼻子把演员卷起，甩向空中，接着朝观众冲过去……

波波冲向大街，霎时街上乱作一团。

大象波波在大街上横冲直撞，一连踩了3个人。惊恐万状的人们逃进商店，逃进地铁，逃进轿车飞快地逃去……

"快报警！报警啊！"有人奔到电话厅，手哆嗦着拨通了 110 报警台。

转眼间，警车尖叫着开了过来。

"这下子可好啦！"人们躲在远处欢呼起来。

"开枪打死它！打死它！"有人朝警察高声叫喊。

警察持枪围过来，正要瞄准开枪当儿……可是，他们被眼前的情景怔住了。

大象奔向被吓呆在马路当间的一个大约有十二三岁的女孩……

"琳琳！我的琳琳！"女孩的妈妈在不远的人行道上朝大象这边挣扎着，失声喊着女儿的名字，但被两个人架住了胳膊。

大象冲到琳琳跟前，眨眼间她就会被踩成肉饼。所有能看到这个情景的人都屏住了呼吸，大街突然变得死静。

琳琳穿着淡绿色的连衣裙，裙子的下摆还印着椰树的图案。小姑娘手里拿着两根香蕉，其中一根刚刚剥开皮。

"举枪——"警察听到命令，举起了长枪、短枪，黑洞洞的枪口一齐瞄准了大象。

"不要开枪！不要开枪！"一位穿警督衔警服的人也许是怕伤到琳琳，急忙朝警察们摆手。

大象在琳琳跟前突然站住了，好像不知所措了。

琳琳也愣了一会儿，反倒镇定下来。她对奔来的大象好像一丁点儿也不害怕了，伸手摸摸大象的鼻子，嘴里叫着："波波！波波！"并把一支香蕉塞到大象的嘴里。

大象喷了下鼻子，然后慢慢地咀嚼着那根香蕉。

琳琳轻轻地抚摸着大象的鼻子，轻轻地唱起了歌儿："风儿静，月儿明，树叶遮窗棂呀！小宝宝如梦中……"

"琳琳！快离开！琳琳你快离开呀！"妈妈在远处有气无力地朝

169

女儿喊着。

　　然而，琳琳没有离开大象，反而把头依在大象的鼻子上，轻轻地唱着……

　　大象用鼻子把琳琳轻轻卷起来，琳琳的身子离开了地面。

　　"啊!"围观的人们心提到了嗓子眼儿，因为刚才那个马戏演员就是被大象用鼻子卷起来抛向半空的。

　　"啊! ——"琳琳的妈妈尖叫一声，身子一软昏了过去。

　　"开枪吧! 开枪吧!"一个年轻的警察紧张得身体打着哆嗦，请示着警长。

　　"镇定! 镇定! 没我的命令不许开枪!"警长双手往下压着，制止着警察们。

　　大象把琳琳卷起来，然后轻轻放到地上，松开了琳琳。

　　琳琳拍拍大象的鼻子，把手里那根香蕉再次塞到大象的嘴下。大象用鼻子把香蕉卷起来，在半空舞了舞，塞进嘴里甜甜地嚼着。

　　琳琳微微地笑了，再拍拍大象的鼻子，缓缓地走去。大象吃下香蕉，摇晃两下耳朵，就跟着琳琳走去，刚才那种疯狂无影无踪了，安静得就像小牛犊。

　　琳琳朝马戏团的大棚走，大象缓缓地跟在她身后。

　　"快离开它!"警长朝琳琳喊。

　　琳琳朝警长轻轻摆手，引着大象走进了马戏团大棚。

　　"收——枪!"警长终于下了命令。

　　四周静得让人窒息的空气好像一下子融化了，人们长长出了一口气。

　　琳琳把大象引到大棚里，把它引进了象笼。

　　妈妈被人搀扶着到女儿跟前，问："琳琳，妈妈让你跑，你怎么像是没听见似的呢? 多危险啊!"

　　琳琳静静地说："妈妈，我们人类如果像朋友那样对待动物，动

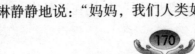

170

物就会像朋友似的对待我们人类。你看，我对大象好，大象就不会伤害我了。"

"噢！琳琳就是这样轻易地脱险了呀！"人们似乎明白了一个很重要的道理。

琳琳在就要被大象踩伤、踩死的紧急关头，用爱心救了自己，也救了大象。要不，在那些枪口下，大象波波浑身不被打成马蜂窝才怪呢！

104. 农夫和老鹰

农夫看到猎人的罗网里有一只老鹰，而那只老鹰的翅膀受伤了，正在罗网里伤心地哭泣。农夫见状动了恻隐之心，便对猎人说："老哥，把这只老鹰卖给我吧，我很喜欢它。"猎人同意了农夫的请求。

农夫把老鹰带回家，为它洗净了伤口，包扎好后，还给它喂了一些粮食。老鹰在农夫的精心照顾下，伤口好得很快。

农夫从地里回来，发现老鹰已不知什么时候从他家里飞走了。农夫很后悔，自言自语地说："真没良心，我救了它一命，它却偷偷飞走了，我以后再也不做好事了。"

某个冬日，农夫正靠着墙根晒太阳，碰巧那堵墙快要倒塌，农夫却没有觉察到，正在这时，天上飞来一只老鹰，它用爪子抓着了农夫头上的帽子飞走了。农夫起身去追，发现抓走他帽子的正是被他救过一命的老鹰。农夫愤怒至极，他边追边骂："你这个该死的家伙，我先前救了你一命，你不曾报答，现在又来抢我的帽子……"

农夫话还没有说完，突然听到"轰隆"一声，农夫回头一看，刚才自己靠着的那堵墙已经倒塌了，而他的帽子，已从天空掉到了他的脚跟前。

无意间的善举也许会在关键时刻给人带来幸运。

105. 需要理解的朋友

宠物店的店主在门上钉了个广告，上面写着"出售小狗"。信息显然吸引了孩子们，一个小男孩出现在广告牌下。

"小狗卖多少钱？"他问道。

"30到50美元不等。"

小男孩将手伸入口袋，掏出一些零钱："我有3美元，能让我看看它们吗？"

店主笑了笑，吹了声口哨。一名负责管理狗舍的女士便跑了出来，她身后跟着5只毛茸茸的小狗，其中有一只远远地落在后面。

小男孩立即发现了那只落在后面走路一跛一跛的小狗，问道："那只小狗有什么毛病吗？"

店主解释说："那只小狗没有臀骨臼，所以它只能一瘸一拐地走路。"

小男孩说："就买那只吧！"

店主说："这只你用不着花钱，如果你真的想要，我把它送给你好了。"

店主的话刚说完，小男孩就生气地瞪圆了眼睛，说："我不需要你把它送给我，这只狗和其他的狗的价值应该是一样的！我会付你全价。我现在就要付3美元，以后每月付一些，直到付清为止。"

店主劝道："你真的用不着买这只狗，毕竟它不可能像别的狗那样又蹦又跳地陪你玩儿。"

听到这句话，小男孩弯下腰，卷起裤腿，露出一只严重畸形的腿——他的左腿是跛的，靠一个大金属支架撑着。

"我知道，它不能陪我玩……我只是想，我自己也跑不好，那只小狗需要有一个能理解它的人。"小男孩哽咽着说。

106. 燕子除害

有一群可恶的蝗虫,它们发现前面有一片绿油油的麦苗,于是它们都纷纷飞到麦苗上疯狂地啃起麦苗来了。

这时,天空飞过几只小鸟,它们看到了这些情形,非常担心麦苗会被蝗虫啃光,这样农民伯伯可要遭殃了。它们想起啄木鸟是捉虫高手。于是,几只鸟儿一起飞去找啄木鸟。

它们来到一座树林子里。

啄木鸟正在树上捉虫。听了鸟儿们的讲述,它为难地说:"不行啊! 我只会在树上凿洞,吃树中的虫。"

"那你知道谁能对付蝗虫吗?"鸟儿们问。

啄木鸟想了想,摇摇头。

鸟儿们一时没了主意,想到正在受害的麦苗,心急如焚。

"这样吧,我来写张启事,你们拿去张贴,征召捕食蝗虫的能手。"啄木鸟说。

几只鸟儿齐声说:"这个主意好!"

启事很快写好了,啄木鸟把内容念给鸟儿们听:"西南方 C 区麦地,正遭蝗虫侵害。有捕食蝗虫的能手,请速去歼灭害虫。谢谢!"

鸟儿们都说写得好。有一只鸟儿建议,再复写几份,让更多的朋友看到启事。

啄木鸟点头赞同,立即铺开纸,又"刷刷刷"地写起来。随后,每只鸟嘴里衔着启事飞向各个路口张贴。

启事贴出去了。每个路口都挤着一些看启事的动物,有喜鹊、老鹰、青蛙、小鸭等等。

一传十,十传百,知道这事的动物朋友越来越多。几只鸟儿等在麦地边,却迟迟不见有救星来。

正在这个紧急关头，一只矫健的燕子从天而降。燕子冲着蝗虫大喊："该死的蝗虫，你们死定了。"勇敢的燕子几个起落，就咬死了几十只蝗虫。

最后，燕子消灭了麦苗里的蝗虫。麦苗得救了，小鸟们舒了一口气。大家都非常感谢见义勇为的燕子。

107. 生命的段落

一阵稍大的风扫过，"啪"——清脆的跌落声传进耳膜，那是果实告别枝头的信号。秋天到了。在漫漫的混沌飘游中，蓦然听到节律的时钟敲响了第三季，逝者如斯，我心肃然。惊回首，由夏而秋，由热烈而沉稳，在平滑无缝的转换前后迥乎不同的特色中，那一记瓜熟蒂落的清脆，又分明是自然生命进程中的句读。它在昭示光阴飞逝的同时，也让我突发出了"生命的段落"的悟想。

春的萌动，夏的奋发，秋的成熟，冬的蛰伏，自然以季节为单位发展着它的生命，季节是它生命回想曲中的每个段落。一束光、一阵风、一片叶子、一只飞鸟，是季节彼此之间的一回眸、一顿足。正是每个鲜明的段落，才诞生了连贯充实的全过程。那么，我们生命的段落呢？

临窗独坐，我突然有强烈的回顾欲望。拿出厚厚的一叠日记，翻着。末了，既惊且愧，原来自己那种若有所失、若即若离的坏情绪已经持续一年多了。在那么长的时间里，我们一直被低沉的调子困扰着。我们渴望有所作为，却没想到始终在叹息的边缘踟蹰，几乎找不到积极努力的影子。是夜回首，才发觉在那么长的时间里，我们一直没有划分过生命的段落。没有划分，没有回顾，没有总结，没有对心绪的清除和整理，于是，我们才一再重复着前一个遗憾，并且一再悲哀地以为生活就是这样的平淡，最后连悲哀也失去了新鲜感。

让心灵永远具有"生命的段落"意识，能够使你对过去的脚步及时加以回顾和省视，知道哪儿深了，哪儿浅了，哪儿走歪了，哪儿跌过跤；明白连连的不如意责任是否都在身外，而牢骚满腹一无所获是否陷入了误区？这种意识，它虽不能包罗全部，但至少能让你比较清醒地生活，并且，由此可能引出纠正、调整、扭转、加倍努力等行为，从而使你的生命经常处在自觉有效的运行状态。

关于生命的段落，事实上我们早有不少划分的启示：星期、年月、阶段、时期……只是我们习惯于仅仅把它们当作时间的标志，而忘了利用它们来促进生命的进程。

具有"生命的段落"意识，无论在英姿焕发阶段，还是在两鬓染霜时分，都将推动生命走向充实。一个成功的人，总是懂得在现有的条件下充分展示自己，而不是只祈望另一个梦想，让自己在牢骚叹息中度过。

108. 面对生活

两人相对而坐，桌面上有两堆同样的瓜子，两人正在埋头嗑着。他们嗑瓜子的方法不同：一人是先挑小的嗑，后嗑大的，顺序是由小到大；另一人是先嗑大的，后嗑小的，顺序是由大到小。

先嗑小瓜子的那人说："真倒霉！我嗑的每粒瓜子都是剩下的当中最小的，而你，每次嗑的瓜子都是剩下的当中最大的。"

先嗑大瓜子的那人点头同意。"可是，如果你再换一种角度去想，味道就又有不同，你也没必要自称倒霉了。"

这人问："那要换怎样的角度去想呢？"

"其实也简单。我挑大瓜子嗑，桌面上剩下的越来越小，都是小瓜子了；你则不然，先挑小的嗑，桌面上剩下的越来越大，都是大

175

瓜子。"

这人恍然大悟。

我们每天都要面对生活，很难说我们所面对的生活谁比谁强多少。我们为柴米油盐奔波，为物价上涨苦恼；我们想着入托的孩子，牵挂年迈的老人；我们在家中休憩，到外面应酬；我们不仅端着自己碗里的，还贪婪地盯着锅里的。有一种叫做欲望的东西，把我们搅得寝食难安，于是我们有了不尽的困惑、忧戚、苦恼、惆怅，我们经常愁肠百结。

有人说，生活是一段路，好歹得走完它。但就是这一段路，常常让我们不知该如何走，有时连第一步都很难迈出去。说起来并不复杂，我们面对的那一段路，面对的那一种生活，就如同我们面对的那一堆瓜子一样，你从大到小嗑也好，从小到大嗑也罢，顺其自然就行。

我们不开心，其实很多时候不是因为路，也不是因为瓜子，而是因为我们自己。

109. 心中的垃圾

我曾跟一堆垃圾展开了四天的心理战。

这堆垃圾，是一楼的一家人丢出来的。星期一上班时，我就看见了，可是我不去理会，心里觉得委屈。按单位卫生条例，住户的生活垃圾应该装袋，让清洁工上门回收。可这家人图自己方便，把垃圾扔到窗外了事。对这样的人，我从心里鄙视。

星期二，我从那堆垃圾旁走过，想着：好吧，我就不扫，让你自己受罪。

星期三，我想如果他们还不扫，就让这堆垃圾保留到月底，让他们家肮脏一个月。对这样的人，就应该这样对付。

星期四，那堆垃圾还在，我已经没有了败兴的感觉。有些事情看多了，就会在心里慢慢冷淡。这天，我因为一件事情和女儿闹矛盾。内心生出许多感慨，换一个角度去看问题，发现我们都少了宽容的心态。与女儿握手言和后，我想到了那堆垃圾，想到自己每天见到这堆垃圾时心理的斗争、那种埋怨、那种愤恨、那种感叹。我们在抱怨别人的时候，却是给自己种下了黑色的心情。

每个人心里都会有一堆垃圾，自己扔出来时不自知。我每天面对着那堆垃圾，何尝不是面对自己的心灵？

110. 自己种瓜

有两个人在大海上漂泊，想找一个生存的地方。他们首先到了一座无人的荒岛，岛上虫蛇遍地，处处都潜伏着危机，条件十分恶劣。

其中一个人说："我就住在这了，这地方虽然现在差一点，但将来会是个好地方。"而另一个人却不满意。于是他继续漂泊，后来他终于找到一座鲜花烂漫的小岛，岛上已有人家，他们是十八世纪海盗的后裔，几代人努力把小岛建成了一座花园。他便留在这里做小工，生活不好不坏。

过了很多很多年，一个偶然的机会，他经过那座他曾经放弃的荒岛，于是他决定去拜访老友。

岛上的一切使他怀疑走错了地方：高大的屋舍、整齐的田畴、健壮的青年、活泼的孩子……老友已因劳累、困顿而过早衰老，但精神仍然很好。尤其当说起变荒岛为乐园的经历时，更是神采奕奕。最后老友指着整个岛说："这一切都是我双手创造出来的。这是我的岛屿。"

那个曾经错过这个小岛的人感到十分惭愧。中国有句俗话叫做：

"吃自己种出的西瓜，你会感觉到分外地甜。"

柯维在论断"收获必须付出时"，常讲下面这个故事：多年以前一个炎热的夏天，伯纳德·哈古德和杰米·格伦驾车行驶在南亚拉巴马山区里。他们又累又渴，伯纳德把车停在一所废弃的农舍后面，这所农舍的院里有一台抽水机。他跳下车子，向抽水机跑去，抓住把柄就开始压水。压了一两下后，伯纳德指着一个旧桶，让杰米拿上去附近的泉边打一些水来，好倒入抽水机中，使它产生吸力开始抽水。如同所有的抽水者所知道的，你必须在抽水机顶部放一些水让抽水机产生吸力，然后才会有源源不断的水涌出来。

在人生的赛场上，在你想得到什么之前，你必须得先有所付出。可惜，许多人在生活的火炉前站着说，"火炉啊，给我一些热量吧，我会给你增加木柴的。"很多时间，秘书对老板说："给我加薪，我会更好地工作，会更加尽职尽责。"

而售货员找到老板说："让我做销售部经理吧，我会真正让你看到我的能力。直到现在我都没有尽力干过工作，但我需要一份管理别人的工作才能尽力发挥才干。所以请你让我做老板，然后看看我是如何表现的吧。"

学生则对他们的老师说，"如果这学期我的分数很糟糕的话，我的家人会责怪我的。所以，老师如果你在这半学期给我高分，我发誓下半学期会真的刻苦学习。"

这样干一点儿用都没有。如果有用，我们甚至可以想象到农夫在祈祷，"主啊，如果今年你给我一粒粮食，我保证明年会播下种子，辛苦耕耘。"实际上他们所说的是："给我报酬，我会去创造生产的。"但是生活并不遵循这样的规律。如果你想生活赐予你什么，首先你必须得先付出。这个关系得倒过来看，不能老是期盼别人先给你什么，你才能做什么，而要靠自己去设法求取。现在，如果你在剩下的人生之路上牢牢遵循这个规律的话，许多问题将会迎刃而解。要享受生活的快乐果实，就必须先为生活施肥、浇水。那样，你们获得的快乐才能从里到外一甜到底。试想，如果你是一个农夫，当你把丰硕饱满的果实搬进粮仓时是一种什么样的感觉？如果你是一名教师，当你看着自己的学生一个个走向成功的道路时是什么感想？如果你是一个母亲，看着自己的子女结婚生子，并与之共享天伦之时，又是何等的惬意……

111. 理解

一名店主在门上订了一个广告，上面写着"出售小狗"。这信息显然把孩子们吸引住了，一名小男孩出现在店主的广告牌下。"小狗卖多少钱呢？"他问道。

"30 至 50 美元不等。"

小男孩从口袋掏出了一些零钱，"我有 2. 37 美元，请允许我看看它们好吗？"

店主笑了笑，吹了声口哨，一名负责管理狗舍的女士便跑了出来，她身后跟着 5 只毛茸茸的小狗。其中一只远远地落在了后面。小男孩立即发现了落在后面一瘸一瘸的小狗，"那小狗有什么毛病吗？"

店主解释说："这只小狗没有臀骨臼，所以它只能一瘸一瘸的走路。"小男孩说："就是这只狗，我要买它。"

店主说："你用不着花钱，如果你真的想要的话，我就把它送给你了。"

小男孩十分生气，他瞪了店主一眼，"我不需要你把它送给我。那只狗和其他狗的价值应该是一样的，我会付你全价的。我现在就要付 2. 37 美元，以后每月付 50 美分，直到付完为止。"

店主劝说道："你真的用不着买这只狗，它根本不可能像别的狗

179

那样又蹦又跳的陪你玩儿。"

听了这话，小男孩弯下腰，卷起裤腿，露出了他一只严重畸形的腿。他的左腿是瘸的，靠一个大大的金属支架撑着。

男孩轻声地说："恩，我自己也跑不好，那只小狗需要有一个能理解它的人。"

112. 最后的交易

早晨，我走在石头铺成的路上，大叫着："来雇我吧！"

国王坐着华丽的马车来到我身边，他手握宝剑，抓住我的手说："我用我的权力雇你。"

但权力对我毫无意义，他坐着马车走了。

正午时分，烈日炎炎，房屋都紧闭着。

我徘徊在弯弯曲曲的窄巷中，一个老人提着金袋走了出来。

他沉思片刻，然后说："我用我的金钱雇你。"

他掂量着一枚枚的金币，我摇摇头走开了。

晚间，花园的篱笆边芳香四溢。

美丽的姑娘走过来说："我用我的微笑雇你。"

她的微笑很快变得苍白，融化成了泪水，她只有独自回到黑暗中去了。

太阳照着海滩，海浪拍打着海岸。一个儿童坐在沙滩上玩着贝壳。

他抬起头来，好像认识我："我雇用你，但没任何报酬。"从此，我与顽童的交易使我成了一个自由的人。

113. **枫桥夜泊以后**

张继，一个在唐朝并不那么重要的诗人，因一首《枫桥夜泊》而流传千古。张晓风很诗意地把这个创作过程称为"不朽的失眠"！这用当今的话说就是"榜上无名，脚下有路"，很有点儿安慰人的味道。

我有一位诗人朋友，别人问他最大的理想是什么？他说：在唐朝当个诗人。当今的诗人对唐朝的诗人羡慕出一个黑色幽默来，这从另一个方面说明在唐朝当个诗人还是不错的。浅学如我，原以为一个"不朽的失眠"，会把张继定格在一介寒士上，从此他将归隐泉林终老一生。其实不是的。在寒山寺与一位和尚交谈，才知张继"枫桥夜泊"以后又考中了下一科的进士，官做到掌管财赋的检校祠部员外郎。

佛家广结善缘，我告辞的时候，和尚赠我好多册书。我向他表示感谢，问他叫什么名字，他不说。后来我又追问了一句，我说我若写出文章发表了，给你寄张样报什么的，信封上怎么写呢？他笑着说：你写寒山寺方丈收就行。终于没有问出姓名。我心里一声感叹。

人说"上有天堂，下有苏杭"。苏州很美丽，也很有名。然我来苏州，倒真不是冲着苏州的美景来的。作为一个生活中的"落第人"，我是来寻找心中的那个平衡点，用以抚慰一个寂寞愁苦的灵魂的。

于是从寒山寺出来，我就去寻访那个"枫桥夜泊"的地方。路很近，走不多远就到了。一座石桥，一条小河，还有三五只静静停泊着的小船，这几乎就是它的全部景致了。我有点儿失望，但转念一想，一个落第举子心生愁苦之处，又能好到哪里去呢？

鹅黄色的柳条在风中摇荡。河水泛着波光。我在枫桥边沉思……月落乌啼霜满天/江枫渔火对愁眠/姑苏城外寒山寺/夜半钟声到客船。我反复吟咏，追寻着张继当年的心理轨迹……我儿子说：中学的语文老师讲，落第的张继，半夜里听到钟声，是愁上加愁。

是这样吗？

寒山寺始建于梁代天监年间。也就是说从一千多年前这半夜钟就开始撞了。佛家普度众生。难道说夜半撞钟就是为的让人愁上加愁吗？陪我撞钟祈福的和尚给我讲佛经，他说钟声可以"降伏魔力怨"，半夜里撞钟一百零八下，可以消除一百零八种烦恼……正沉思，忽然寒山寺的钟声悠悠传来，我若醍醐灌顶，一霎时融会贯通……啊啊，原来是这样——

……落第的张继，乘一只小船，来到苏州。是秋夜，小船泊在枫桥边上。繁霜重露，月儿落了，天上亮着几颗星星。是谁惊了乌鸦？啼声从枫林里传出！夜深沉，江边的枫树熄灭了它那火把一样的光焰，唯有渔火亮着，三点、两点，伴着一个不眠人！愁如江水……是一条难归的乡路。小小的一叶扁舟载不动啊！愁中有倚门翘望的老母，有妻子探询的目光，还有抱住他的腿打吊吊的一双儿女……还继续考吗？张继在犹豫着，口问心，心问口，一句话反复问了自己千百遍。若是下一次还考不上，那又怎么样呢？不如归隐吧……写写诗，种种花。然而世道艰难，米价又涨了，隐能隐得住吗？寒山寺湮没在黑暗中。大地睡了，江水睡了，枫树和刚才还在啼叫的乌鸦也都睡了，天地间只有一个张继还在思索着，苦苦地思索着！"当——！"寒山寺的钟声响了。悠扬的钟声飞进沉沉的夜色里，落在船板上，在张继的耳边久久地缭绕不息。蓦地，张继的心中像是划过了一道闪电，他激动得微微有些发抖，那些"剪不断，理还乱"的愁思，在钟声里一扫而光。他仰望着茫茫的夜空，从牙缝里迸出了一个字——考！

天宝十二年，当钟又一次在他心中响起的时候，他是在考棚里。钟声催他奋发，给他以激励，他仿佛蓦然间增添了力量。于是精鹜八极，神游万里，一篇文章写得花团锦簇……

机遇转瞬即失。然也有第二次，第三次，甚至第四次露出笑脸的时候。要紧的是，莫要做一个警钟也惊不醒的梦迷人呀！

夜色渐渐地浓了，不知不觉我在枫桥边上已游逛了两个多小时了。儿子催我进城，我漫声应着。也就在这时候，不知道为什么，我在寺里与和尚的那番对话，又在我心里重复出现——

我说：我常有出世的念头。

和尚说：你还没入世呢，怎么能出世呢？你得先入世呀！

我还没有入世吗？仿佛和尚说的这话很有点禅味儿。慢慢悟吧，我想。

夜风起了，凉凉的，但这毕竟是春风，已没有了多少寒意。

114. 生命轮回

我注视着院子里的树木，更准确地说，是在凝望枝头上的一片树叶。而今，它泛着美丽的绿色，在夏日的阳光里闪耀着光辉。我想起当它还是幼芽的时候，我所看到的情景。那是去年初冬，就在这片新叶尚未吐露的地方，吊着一片干枯的黄叶，不久就脱离了枝条飘落到地上。就在原来的枝丫上，你这幼小的坚强的嫩芽，生机勃勃地诞生了。

你的绿意，不知不觉黯然失色了，终于变成了一片黄叶，在冷雨里垂挂着。夜来秋风敲窗，第二天早晨起来，树枝上已经消失了你的踪影。只看你所在的那个枝丫上又冒出了一个嫩芽。等到这个幼芽绽放绿意的时候，你早已零落地下，埋在泥土之中了。

这就是大自然，不光是一片树叶，生活在世界上的万物，都有一个相同的归宿。一叶坠地，绝不是毫无意义的。正是这片片黄叶，换来了整个大树的盎然生机。这一片树叶的诞生和消亡，正标志着生命在四季里不停转化。

115. 一把温情的钥匙

那时，我在深圳一家私人超级市场打工。每天卸车、装货，马不停蹄挥汗如雨。可那位林经理却对我们很苛刻，幸好他的侄子，也就是我们的顶头上司仓库保管林恺还算通情达理，对我们格外关照。

某天，清点仓库时，林经理发现少了几包烟和几箱泡面。他便大动肝火，扬言一定要揪出那个不识好歹的"贼"。平时仓库的钥匙都放在值班室的抽屉里。为此，林经理就一个一个地把我们叫进办公室审罪犯似的审我们，让我们大为恼火。

查无结果，林经理一气之下，让林恺管仓库的钥匙，防贼似的防着我们三个打工仔。后来，仓库里货物又少了一些。于是我们每个人就如惊弓之鸟。

林恺握着那串钥匙去找林经理。半夜才回来，喜笑颜开地对我们三个说："虚惊一场，我和林经理一查进货单才发现，原来去年年底订货时香烟比往年少订了几条，泡面的订量也有问题。"我们三个这才舒了一口气，怨声载道起来。

接着他变戏法似的从口袋里掏出一大把钥匙，说："年关已近，仓库里的工作一定很忙，林经理让我每人给你们配一把钥匙，以便随时工作。他也让我转告你们别介意，他这个人脾气不好，见不得鸡鸣狗盗之事。"握着金闪闪的钥匙，我们有了一种当家作主的感觉，工作自然也干得尽心尽力，当卸下一车货时，我们就齐心协力地清点、入库，配合默契。有时清点完，略有剩余时间，我们就再清点一遍，以保证准确无误才入库。在这个过程中，我们发现因为疏忽漏点多点之事时有发生。所以我们商量，工作虽然卑微，可为了那串钥匙的信任，我们一定不能掉以轻心。

仓库失窃的事情自然再也没有发生过。

多年以后我才知道，那串钥匙，根本就打不开仓库的大门。难怪那些日子林恺总是第一个上班，早早地打开门。因为林恺发现，一个人心中的委屈多一点，付出就会少一点；付出少一点，获得就少一点。那时我们少的是别人的信任，别人的尊重，甚至别人一点点的温情。这才导致了仓库的"失窃"，其实仓库里丢失的货品就是被我们三个偷走，被我们三颗充满委屈、不甘而疏忽的心偷走的。

于是，他用一把钥匙，一把打不开仓库大门却用温情打造的钥匙，打开了我们的心门。

116. 学会感恩

有一年圣诞节，神父要把人们捐来的东西分发给城里的穷人，贫民区的好多穷人都去了，杰克也不例外，虽然大家都显得兴高采烈，可是杰克的心情依然很平静。

大家随着神父来到了一个储藏室，神父指着一屋子的东西说："你们自己随便挑选吧，不过每人只能挑选一样。"

大家都认真地挑选着自己喜欢或急需的东西。可是杰克对这些东西却不那么热心，而且他脸上还逐渐显露出失望的神情。

"怎么，孩子，这么多东西竟然没有一件你喜欢的?"神父显然有点失望。

"不，神父，我在寻找生活中更需要的一件东西。"

"是吗? 这些都是生活中的必需品，难道你不需要吗?"

"啊，我找到了!"杰克终于在一个书堆里找到了一本书，书名

185

叫《学会感恩》。

其他人纷纷笑起来，连神父也有些惊讶。

"那只是一本旧书，不值钱的，你拿去根本没有什么用处。"神父说。

"不，尊敬的神父，这就是我要挑选的礼物，我要把它带给我的孩子们，让他们从小就学会感恩。"

117. 再现青春

德国的里克特曾给我们讲过这样一个故事：新年的夜晚，一位老人伫立在窗前。他悲戚地举目遥望苍天，繁星宛若玉色的百合漂浮在澄静的湖面上。老人又低头看看地面，几个比他自己更加无望的生命正走向它们的归宿——坟墓。老人在通往那块地方的路上，也已经消磨掉六十个寒暑了。在那旅途中，他除了有过失望和懊悔之外，再也没有得到任何别的东西。他老态龙钟，头脑空虚，心绪忧郁，一把年纪折磨着老人。

年轻时代的情景浮现在老人眼前，他回想起那庄严的时刻，父亲将他置于两条道路的入口——一条路通往阳光灿烂的升平世界，田野里丰收在望，柔和悦耳的歌声四方回荡；另一条路却将行人引入漆黑的无底深渊，从那里涌流出来的是毒液而不是泉水，蛇蟒满处蠕动，吐着舌箭。

老人仰望夜空，苦恼地失声喊道："青春啊，回来！父亲哟，把我重新放回人生的入门吧，我会选择一条正路的！"可是，父亲以及自己的黄金时代都一去不复返了。

他看见阴暗的沼泽地上空闪烁着幽光，那光亮游移明灭，瞬息即逝了。那是他轻抛浪掷的年华。他看见天空中一颗流星陨落下来，消失在黑暗之中，那是他自身的象征。徒然的懊丧像一支利箭射穿了老人的心脏。他记起了早年和自己一同踏入生活的伙伴们，他们走的是高尚、勤奋的道路，在这新年的夜晚，载誉而归，无比快乐。

高耸的教堂钟楼鸣响了，钟声使他回忆起儿时双亲对他这浪子的疼爱。他想起了困惑时父母的教诲，想起了父母为他的幸福所作的祈祷。强烈的羞愧和悲伤使他不敢再多看一眼父亲居留的天堂。老人的眼睛黯然失神，泪珠儿泫然坠下，他绝望地大声呼唤："回来，我的青春！回来呀！"

老人的青春真的回来了。原来，刚才那些只不过是他在新年夜晚打盹儿时做的一个梦。尽管他确实犯过一些错误，眼下却还年轻。他虔诚地感谢上天，时光仍然是属于他自己的，他还没有堕入漆黑的深渊，尽可以自由地踏上那条正路，进入福地洞天，丰硕的庄稼在那里的阳光下起伏翻浪。

118. 1 元钱的故事

一天，我参加了一家电视台创意的一个游戏。游戏内容是我身上没带 1 分钱，但我得去乘一辆公共汽车，车票的价格是 1 元钱，我要想办法"借"到 1 元钱。游戏的方式是由我在前面借钱，电视台的摄像机在后面跟踪偷拍，实录下我在这个游戏中可能遭遇的种种场景。

我到了公共汽车站，犹豫了好久，才鼓起勇气对一位大伯说："大伯，我的钱包被人偷走了，能借我 1 元钱坐公共汽车吗？"大伯头也不抬地说："你们这种人我见得多了，现在到我这儿来讨 1 元钱，转个身又到别人那儿讨 1 元，一个月下来，你们的收入比我的工资还要高呢，可恶！"

大伯显然将我当成了职业乞丐，我一下子张口结舌，什么话也说不出来，第一个回合就这样败下阵来。我深吸了口气，准备第二次冲锋。

　　这次，我看准了一个慈祥的大妈。我红着脸上去搭讪："大妈，我的钱包被人偷走了，我现在身上一分钱也没有了，您能不能借我1元钱让我坐车回家？"大妈仔细看了我一眼说："年轻人，我看你表面还像个知识分子，你应该去做一些体面干净的事情，年轻人要学好，你的路还长着呢，别一天到晚动歪脑筋。我现在可以给你1元钱，但我怕你以后明白了事理，要找后悔药吃时，你就会骂我，因为就是像我这样的人心慈手软，才一步步纵容了你的堕落。"

　　听着大妈的教诲，我找不着可以回答的话语，我想这不能怪大伯大妈，他们一定经历了太多这样的遭遇了。不过大妈的话倒提醒了我，说我像知识分子，我可以说自己是个大学生，也许更能博得同情。

　　一位打扮时髦的小姐走了过来，我迎上去："小姐，我是个大学生，今天出门时忘了带钱包，你能借我1元钱让我乘车回学校吗？"小姐像受了惊吓似的，猛地后退几步满脸疑惑地盯着我。她可能将我当成一个骚扰女孩儿的无赖，她像过雷区似的，在我身边画了个半圆，然后迅速地跑到了车站的另一头。

　　三个回合都以失败告终，我有些心灰意冷。我回头看时，电视台的摄像师却一个劲儿地向我伸出大拇指，那是我们事先约定的暗号，意思是我得继续下去。显然，我的失败正在他们的意料之中，这样的尴尬场面对旁观者来说，说不定正像一道精美的大餐呢。

　　一位小朋友走近公共汽车站，我想这是我最后的试验了。我不想说钱包、大学生之类的谎言了，我走过去，很客气地说："小朋友，能借我1元钱乘公共汽车吗？"小朋友马上从口袋里掏出1元钱递了过来。这下轮到我惊讶了，没想到，小朋友竟然什么都没有问，就把钱给了我。

　　呆了好久，我才问小朋友："你为什么要帮助我呢？"小朋友顺口就说："因为你没钱乘车呀。老师说过，帮助是不需要理由的。"霎时，一股暖流从我心里流过。

在节目结束的时候，主持人补充了一个采访我的镜头，问参加这样一个游戏对我的人生观有什么影响。我的回答是：今后我会在口袋里多放 1 元钱，以便继续传递不需要理由的帮助。

119. 轿夫的快乐

20 世纪最具影响力的英国思想家罗素，在 1924 年来到中国的四川。那个时候的中国，军阀割据，战乱频繁，山河破碎，民不聊生。罗素刚写完他的巨著《幸福论》，他希望以自己的思想教化引导中国人摆脱苦难。当时正值夏天，四川的天气非常闷热。罗素和陪同他的几个人坐着那种两人抬的竹轿上峨眉山。山路非常陡峭险峻，几位轿夫累得大汗淋漓。此情此景，使作为一个思想家和文学家的罗素没有了心情观赏峨眉山的景观，而是思考起几位轿夫的心情来。他想，轿夫们一定痛恨他们几位坐轿的人，这样热的天气，还要他们抬着上山。甚至他们或许正在思考，为什么自己是抬轿的人而不是坐轿的人？

罗素思考着的时候，到了山腰的一个小平台，陪同的人让轿夫停下来休息。罗素下了竹轿，认真地观察轿夫的表情。他看到轿夫们坐成行，拿出烟斗，又说又笑，讲着很开心的事情，丝毫没有怪怨天气和坐轿人的意思，也丝毫没有对自己的命运感到悲苦的意思。他们还饶有趣味地给罗素讲自己家乡的笑话，很好奇地问罗素一些外国的事情。他们在交谈中不时发出高兴的笑声。

罗素在他的《中国人的性格》一文中讲到了这个故事。而且，他因此得出了一个著名的人生观点：用自以为是的眼光看待别人的幸福是错误的。

　　莎士比亚在谈到人生的处境时曾经有过一个很经典的比喻。他说：我们的身心就是一个园圃，而我们的主观意志就是园圃的园丁。不论我们是种植奇花异草还是单独培植一种树木，还是任其荒疏，那权利都在我们自己手里。也就是说，你假如愿意自己是快乐幸福的，你自己就可以做到，权利都在你自己的手里———一切都在我们个人的主观意志之中。我们可以让自己的生活充满喜悦，我们也可以让自己的生活丰富多彩。也就是说，不论我们处于什么境地，我们都可以把它当作自己的福地。成功的时候，尽情地享受成功；逆境的时候，为未来的希望快乐。

　　坐轿子的人未必是幸福的，抬轿子的人未必不是幸福的。

120. 车站"搬运工"

　　一次，托尔斯泰在作长途旅行时，路过一个小火车站。他想到车站上走走，便来到月台上。这时，一列客车正要开动，汽笛已经拉响了。托尔斯泰正在月台上慢慢走，忽然，一位女士从列车车窗里冲他直喊："老头儿！老头儿！快替我到候车室把我的手提包取来，我忘记提过来了。"

　　原来，这位女士见托尔斯泰衣着简朴，还沾了不少尘土，把他当作车站的搬运工了。

　　托尔斯泰赶忙跑进候车室拿来提包，递给了这位女士。

　　女士感谢地说："谢谢啦！"随手递给托尔斯泰一枚硬币，"这是赏给你的。"

　　托尔斯泰接过硬币，瞅了瞅，装进了口袋。

　　正巧，这位女士身边有个旅客认出了这个风尘仆仆的"搬运工"就是托尔斯泰，就大声对女士叫道："太太，您知道您赏钱给谁了吗？他就是列夫·托尔斯泰呀！"

"啊!老天爷呀!"女士惊呼起来,"我这是在干什么事呀!"她对托尔斯泰急切地解释说:"托尔斯泰先生!托尔斯泰先生!看在上帝面儿上,请别计较!请把硬币还给我吧,我怎么给您小费呢,多不好意思!我这是干出什么事来啦。"

"太太,您干吗这么激动?"托尔斯泰平静地说,"您又没做什么坏事!这个硬币是我挣来的,我得收下。"

汽笛再次长鸣,列车缓缓开动,带走了那位惶惑不安的女士。

托尔斯泰微笑着,目送列车远去,又继续他的旅行了。

121. 高跟鞋

尖尖的鞋尖,高而细的鞋跟,泛着亮光的鞋面,清脆的响声,这是童年时代的我最向往的。我总是希望那双给灰姑娘带来幸福的水晶鞋有一天会带给我幸福。我总喜欢坐在一角,看时髦阿姨从面前走过,一边目不转睛地看着,一边寻思着,将来我也要穿上那样的鞋,跟要比她的还高。一次在隔壁玩"躲猫猫",不知怎么找到了隔壁阿姨的高跟鞋,兴高采烈地穿上,站起来,缓缓迈出"笃笃"声,那一刻心中涌起的不是普通孩童的兴奋,觉得自己有了成熟女人的韵味,直至在同伴"快脱下,你会把它穿坏的"的催促下,才恋恋不舍地脱下。

回家后,我硬缠着妈妈,要她为她自己买一双高跟鞋。我的目的仅是为了能在家中看到它,为了能拥有一个穿着高跟鞋的时髦妈妈。这无端的要求从五岁小孩口中提出,着实让妈妈哭笑不得,她无法明白一个五岁小女孩的心思,轻描淡写地说:"妈妈不爱穿。"直至长大,我才明白,家族的遗传使我们不用高跟鞋就已在身高上胜人一筹。妈妈 1.70 米的个子已经鹤立鸡群,若再穿上高跟鞋,小镇上真的要无人敢问津了。

　　我一直以为女人的生活若没有了高跟鞋将是不完整的，就像我毫无道理地认为绅士必须有烟斗、拐杖与之相配。小时候，我总为妈妈没有高跟鞋而耿耿于怀。盼望着妈妈能化着淡妆，穿着长裙，踏着高跟鞋向我款款而来，而后是我兴奋地大叫："妈妈——"以每秒播放十五格的速度扑入她的怀抱，她将我抱起，轻轻亲吻我的脸颊。这样的慢镜头画面不知在我儿时的脑海中浮现了多少次，但生活中妈妈总是很朴素：一年四季，清一色的灰、蓝长裤，素面朝天。顶多在清晨用一点伯伯从国外带回来的"夏士莲"雪花膏，以至于现在我一用"夏士莲"就感觉妈妈在身边。

　　还有一位始终让我难以忘怀的幼儿园的陈老师。她之所以给我那么深的印象，倒不是她待我多么和蔼可亲，而是她有一双跟极高的、有生命的黑色皮靴。在今天我可能会怀疑它的实用性与稳定性，但在当时，我对它的美丽是毫不怀疑的。老师穿上它，我就站在角落里定定地看，我觉得靴子也在看着我。我不敢上前，生怕老师察觉我有些唐突的举动。或许正是那一段距离，神秘的黑色深深吸引了我。我对黑色始终有着复杂的情愫，我至今清晰地记着，冬日暖暖的午后，老师斜斜地靠在教室前的栏杆上，教室的玻璃窗恰是一面天然的镜子、美丽的老师将长长的马尾盘了又盘，对着"镜子"左看右看，一只黑色的皮靴后跟插入栏杆缝隙，挂住脚。

　　幼儿园的午睡我是从来睡不着的，强迫自己闭上眼睛，眼前就出现一个女孩的背影：蝴蝶发卡夹住几丝就要飘走的黑色的长发，轻柔洁白的长裙没及膝下，白色的高跟鞋在古镇的青石板上"笃笃"作响。我不知她是谁，但希望她就是我。

　　我像爱着布娃娃一样爱着高跟鞋，自始至终觉得它是有生命的。一次岚岚妈向我的妈妈诉苦，说去一个没有公交车的地方，走了半个多小时的路，无奈鞋跟高，走出了血泡，后来狠狠心，到路边的鞋摊上把后跟锯掉了。当时我心中隐隐作痛，这么一双纤弱的鞋已经不起长途跋涉，更何况是断腿截肢呢？一直觉得岚岚妈妈好残忍，心里对她总有微微的恐惧。一只高跟鞋应当理所当然地出现在可倒映出人影的大理石地面上，和着华尔兹舞曲，翩然起舞，时而藏入转起的大裙摆下，时而又与底下另一只高跟鞋相吻，就这样与另两位神秘的黑色伴侣舞至天明。我喜欢舞蹈时的高跟鞋，既有热情奔放的拉丁激情，又有活力四射的西班牙风味，时而激烈，时而舒缓，永远不变的是那份和谐与默契。

如今的街头不再流行那种尖头细跟的高跟鞋了，取而代之的是鞋底厚得可怕的松糕鞋。已经高三的我对鞋子常是信手拈来，对头发也是草草了事，没能成为一个精致的女孩儿。那小小的高跟鞋是我对美最初的渴望，美就是高跟鞋。曾经梦想着长大要拥有好多好多高跟鞋的我不得不面对这样的现实：高高的个子。不得不面对这样的感觉：无奈。女孩子难道非得娇小玲珑才配得上拥有一双同样娇小玲珑的高跟鞋吗？我是否永不能过上拥有高跟鞋的完整女人的生活呢？我该如何继续自己与高跟鞋的故事呢？十八岁的我又开始了思考。

永远保存着对高跟鞋的渴望，永远感谢它带给我对美的最初感觉，永远不能忘却，一个小小的女孩对着一双玲珑的高跟鞋出神地望着……

122. 生气的骆驼

一只骆驼在沙漠里跋涉着。正午的太阳像一个大火球，晒得它又饿又渴，焦躁万分，一肚子火不知道该往哪儿发才好。

正在这时，一块儿玻璃瓶的碎片把它的脚掌硌了一下，疲累的骆驼顿时火冒三丈，抬起脚狠狠地将碎片踢了出去。却不小心地将脚掌划开了一道深深的口子，鲜红的血液顿时染红了沙粒，升腾起一股烟尘。

生气的骆驼一瘸一拐地走着，一路的血迹引来了空中的秃鹫。它们叫着在骆驼上方的天空中盘旋着。骆驼心里一惊，不顾伤势狂奔起来，在沙漠上留下一条长长的血痕。跑到沙漠边缘时，浓重的血腥味引来了附近沙漠里的狼，疲惫加之流血过多，无力的骆驼只得像只无头苍蝇般东奔西突，仓皇中跑到了一处食人蚁的巢穴附近，鲜血的腥味儿惹得食人蚁倾巢而出，黑压压的向骆驼扑过去。一眨眼，就像一块黑色的毯子一样把骆驼裹了个严严实实。不一会儿，可怜的骆驼就鲜血淋漓地倒在地上了。

临死前，这个庞然大物追悔莫及地叹道："我为什么跟一块小小的碎玻璃生气呢？"

123. 最高的奖赏

多年前有个鞋匠，在小城一条街的拐角处摆摊修鞋，寒来暑往，也说不清有多少个年头了。

一个冬天的傍晚，他正要收摊回家的时候，一转身，看到一个小孩在不远处站着。看上去，孩子冻得不轻，身子微蜷着，耳朵通红通红的，眼睛直愣愣地盯着他，眼神呆滞而又茫然。

他把孩子领回家的那个晚上，老婆就和他怄了气。对于这样一个流浪的孩子，有谁愿意管呢？更何况，一家大小好几张嘴，吃饭已经是问题，再添一口人就更显困窘。他倒也不争执，低着头只有一句话：没人管的孩子我看着可怜。然后便听凭老婆唠唠叨叨地骂。

尽管这样，这孩子还是留下来了。鞋匠还是把孩子留在了身边，在街上一边钉鞋，一边打听谁家走丢了孩子。

两年多的时间过去了，并没有人来认领这个孩子，孩子却长大了许多，懂事、听话而且聪明。鞋匠老婆渐渐喜欢上了这个孩子，

194

家里再拮据，也舍得拿出钱来为孩子买穿的和玩的。街坊邻居都劝他们把孩子留下来，鞋匠老婆也动了心思。有一天吃饭时，她对鞋匠说：要不，咱们把他留下来当亲儿子养。鞋匠闷了半晌没说话，末了，把碗往桌上一放：贴心贴肉，他父母快想疯了，你胡说什么。

鞋匠还是四处打听，他一刻也没有放弃对孩子父母的找寻。他求人写下好多寻人启事，然后不辞辛苦地贴到大街小巷。风刮雨淋之后，他又重新再来一遍。甚至有熟人去外地，他也要让人家带上几份帮他张贴。他找过报社电视台，他把该想的办法都想了，心中只有一个念头：一定要找到孩子的父母。

终于有一天，孩子的父母寻到了这个地方，他们只是说了几句感谢的话，就急匆匆地带着孩子走了。鞋匠并没有计较什么，只是一起摆摊的人都嘲笑他，说他傻，但他总是呵呵一笑，什么也不说。生活好像真的跟鞋匠开了个玩笑，这之后便再没有了孩子的任何音信。后来，他搬离了那座小城，一家人掰着指头计算着孩子的岁数，希望长大了的孩子能够回来看看他们。但是，没有。再后来又数次搬家，直到他死，他也没有等到什么。

若干年后，一个有德有才的小伙子因为帮助寻找失散的人成了名，他在互联网上还注册了一个专门寻人的免费网站。令人惊奇的是，网站竟然是以鞋匠的名字命名的。进入网站，人们看到，在显要位置上，是网站创始人的"寻人启事"。他要寻找的，就是很多年以前，曾经给过流落在街头的他无限关爱和帮助的那个鞋匠。

网站主页上，滚动着这样一句耐人寻味的话：当你得到过别人爱的温暖，而生活让你懂得了把这温暖亮成火把，从而去照亮另外的人的时候，不要忘了，这就是生活对爱的最高奖赏。

124. 公司的争吵

6 月的一天，上司对公司上半年的营销状况极不满意，当着众同事的面，甩出一沓报表，把主管营销的毛先生臭骂一顿。问题其实出在广告宣传上，毛先生有许多委屈，但不便马上反驳，否则将是火上浇油。他把上司的意见记在笔记本上，待上司情绪平稳后才说：能否听我解释？

他先肯定了营销工作确实有待改进，然后提出对广告宣传的意见。

上司听他侃侃而谈，十分重视，随即招来广告部负责人与毛先生一起共商对策，事情就这样圆满地解决了。

朱先生是毛先生的同事兼对手，见上司喜欢差遣毛先生，心有不服，便时常找碴儿针锋相对。毛先生采取的态度是不卑不亢。平时十分注意把与之相关的工作处理得当，让朱先生无话可说，遇到对方不识趣非要恶言相向，毛先生仍不愠不火。等到单独相处时，毛先生正色道："竞争是争业绩不是争是非，我忍你一次不会忍多次，如果你实在不服，咱们可以请上司来评理。"